现代高校体育教学方法
与实践训练探索

孙昭华 著

吉林出版集团股份有限公司
全国百佳图书出版单位

图书在版编目（CIP）数据

现代高校体育教学方法与实践训练探索 / 孙昭华著. -- 长春：吉林出版集团股份有限公司，2023.5

ISBN 978-7-5731-3597-1

Ⅰ.①现… Ⅱ.①孙… Ⅲ.①体育教学—教学研究—高等学校 Ⅳ.①G807.4

中国国家版本馆CIP数据核字(2023)第104718号

现代高校体育教学方法与实践训练探索
XIANDAI GAOXIAO TIYU JIAOXUE FANGFA YU SHIJIAN XUNLIAN TANSUO

著　　者	孙昭华
责任编辑	黄　群
封面设计	王　哲
开　　本	710 mm×1000mm　1/16
字　　数	206 千字
印　　张	12.25
定　　价	74.00元
版　　次	2024 年 1 月第 1 版
印　　次	2024 年 1 月第 1 次印刷
印　　刷	北京厚诚则铭印刷科技有限公司

出　　版	吉林出版集团股份有限公司
发　　行	吉林出版集团股份有限公司
地　　址	吉林省长春市福祉大路5788号
邮　　编	130000
电　　话	0431-81629968
邮　　箱	11915286@qq.com
书　　号	ISBN 978-7-5731-3597-1

版权所有　　翻印必究

作者简介

孙昭华，男，汉族，1978年5月出生，籍贯为辽宁大连。2002年毕业于东北师范大学运动训练专业，教育学学士学位；2008年毕业于辽宁师范大学体育教育训练学专业，教育学硕士学位。现就职于辽宁警察学院，副教授，一级警督，公安部武力使用教官，公安厅武力使用教官、考官。多年来，在《公安教育》等多家刊物发表本专业及相关专业论文30余篇，主持或参与完成武器使用等方面的实用新型专利研究40余项。2012年在第一届全国公安院校教学技能大赛的枪操表演中获得公安部嘉奖一次，2015年获辽宁省公安机关精品专题一等奖，2016年在第二届全国公安院校教学技能大赛中指导学生射击项目取得7个一等奖、1个二等奖的优异成绩。

前　言

目前，进一步深入发展高校体育教学是实现中华民族伟大复兴与建设中国体育强国的重要内容，是高校培养身心发展健康且具有良好社会适应能力的优秀人才的有效途径，这要求当前高校致力于教育改革和创新，树立科学的体育教学理念，从多个层面深化体育教学改革，促进高校体育教学发展。体育教学方法研究就是专门研究体育方法及其实际应用问题的一门学科，是从科学的高度对体育方法进行搜集、整理、概括、总结、提炼以实现体育方法系统化和科学化。

基于此，本书以"现代高校体育教学方法与实践训练探索"为选题，在内容编排上共设置六章，第一章阐述体育与体育教学思想、现代高校体育教学的特点与功能、现代高校体育教学的环境与原则、现代高校体育教学改革创新的背景；第二章对现代高校体育教学方法及其意义、现代高校体育教学训练的传统方法、现代高校体育教学方法的创新视角、现代高校体育教学方法的选择与优化进行全面分析；第三章通过微课、慕课、混合式与翻转课堂教学方法，探讨互联网背景下现代高校体育教学方法的创新；第四章、第五章与第六章，分别从高校常见体育项目入手，探讨现代高校田径教学实践与训练、现代高校足球教学实践与训练、现代高校瑜伽与健美操教学实践与训练。

本书内容丰富，语言简洁，逻辑清晰，注重章节之间的逻辑性与连贯性，从而确保内容的完整性和系统性，力争系统地反映体育教学方法与创新的整体知识结构，有助于读者更好地理解与应用。

笔者在撰写本书的过程中，得到了许多专家、学者的帮助和指导，在此表示诚挚的谢意。由于笔者水平有限，加之时间仓促，书中涉及的内容难免有疏漏之处，希望各位读者多提宝贵意见，以便笔者进一步修改，使之更加完善。

目 录

第一章 现代高校体育教学的原理阐释 ·········· 1
  第一节 体育与体育教学思想 ·········· 1
  第二节 现代高校体育教学的特点与功能 ·········· 6
  第三节 现代高校体育教学的环境与原则 ·········· 12
  第四节 现代高校体育教学改革创新的背景 ·········· 20

第二章 现代高校体育教学的方法及其优化 ·········· 27
  第一节 现代高校体育教学方法及其意义 ·········· 27
  第二节 现代高校体育教学训练的传统方法 ·········· 29
  第三节 现代高校体育教学方法的创新视角 ·········· 39
  第四节 现代高校体育教学方法的选择与优化 ·········· 54

第三章 互联网背景下现代高校体育教学方法的创新 ·········· 61
  第一节 现代高校体育微课教学创新 ·········· 61
  第二节 现代高校体育慕课教学创新 ·········· 66
  第三节 现代高校体育混合式教学创新 ·········· 71
  第四节 现代高校体育翻转课堂教学创新 ·········· 77

第四章 现代高校田径教学实践与训练 ·········· 84
  第一节 现代高校田径运动及其价值 ·········· 84
  第二节 现代高校田径运动的教学实践 ·········· 90
  第三节 现代高校田径运动的训练理论 ·········· 102

第四节　现代高校田径走跑、跳跃与投掷训练……………………108

第五章　现代高校足球教学实践与训练……………………………117
　　第一节　现代高校足球运动的特点与影响……………………117
　　第二节　现代高校足球运动的教学实践………………………125
　　第三节　现代高校足球运动的训练与实现………………………134

第六章　现代高校瑜伽与健美操教学实践与训练…………………148
　　第一节　现代高校瑜伽运动的教学实践………………………148
　　第二节　现代高校健美操运动的教学实践……………………157
　　第三节　瑜伽训练方法及其在高校健美操教学中的运用………163

参考文献………………………………………………………………184

第一章　现代高校体育教学的原理阐释

第一节　体育与体育教学思想

一、体育

（一）体育与身心健康

人的健康受多种因素影响，其中体育锻炼对健康的影响最大。

1. 体育与身体健康

（1）提高人体功能。每天进行适当的体育锻炼，能够增强体质，让人保持活力，对身体健康有极大的好处，因此体育运动需坚持锻炼。长期坚持体育锻炼的人比缺乏锻炼的人的身体健康情况要好很多，尤其是心脏、运动功能，还有循环系统等健康指标相对更加理想。

（2）加快人体新陈代谢。体内细胞受运动因素的影响，会提高对糖的摄取力，同时增加储存肌糖原、肝糖原，因此体育锻炼能帮助人体加速对糖的吸收。人体内的脂肪集聚大量的能量物质，这些脂肪在受到氧化作用时会加速分解，并且释放大量能量，等同于两倍的蛋白质或糖。加强体育锻炼，有助于消耗人体内多余的脂肪，形成肌肉，不仅强健身体，还可以让人更有力量。

2. 体育与心理健康

（1）情绪状态的改善。情绪会影响人们生活和工作的状态，它是心里情感的外在表现。保持健康的情绪，需要进行自我调节，还要不断释放压力，而体育锻炼无疑是简单又有效的方法。人体在剧烈运动的状态下，会大量排汗，给人一种喜悦、愉快的感觉，让人心情舒畅而平和，降低不安和紧张的情绪，因此对人的心理健康有很大的好处。

（2）智力水平的提高。体育活动能够给大脑提供充足的氧气，使大脑更聪明，思维更敏锐，并可增强记忆力和注意力。随着年龄的增长，在整个生命周期中，保持体育运动可以增加或维持大脑的灰质体积，并能优化全脑功能和促进更好的认知。

（二）体育的特征

文明社会进入到一定发展阶段，出现了现代体育，作为在社会各个阶层和各个领域都得到了普及的艺术形式，现代体育主要表现出以下基本特征：

第一，国际化。作为在国际范围内普遍存在的社会现象，学校体育教育、公众自发性体育活动及体育赛事等从不同的角度完善、发展了现代体育的理论性和实践性，使之得到了不同程度的国际化渗透。

第二，社会化。现代体育的社会化是指由全社会来兴办体育，发挥现代体育的社会功能，使体育成为一项社会活动。现代体育的社会化主要表现在三个方面：首先，竞技体育的社会化，即以个人或企业牵头成立的某体育项目俱乐部或以产业系统为核心建立的体育协会等；其次，大众体育的社会化，即人们开始积极参与体育项目、投资体育活动或增加在体育活动上的消费支出；最后，学校体育的社会化，即在发达国家较为常见的学校体育场馆面向社会大众开放，以及学校利用社会体育基础设施开展体育教学等现象。

第三，科学化。现代体育的科学化是指体育管理、体育锻炼、体育训练和体育教学等方面得益于现代科学技术发展呈现出的基本属性，其中，尤以体育运动训练的科学化属性最为突出，从优秀体育人才的选拔到科学的训练方案制定、体育成绩预判以及医务监督等过程都需要在科学技术的支持下完成。同时，体育运动训练和体育赛事对电子计算机、激光和遥测空间技术等的引用，也都为现代体育增加了科学化的色彩。

第四，商业化。现代体育的商业化是促使体育运动适应现代社会的有利因素，主要包括体育活动的投入、出于商业性收益的运动员转让、电视转播权、赛事门票、广告收益、体育活动场所及基础设施的有偿使用等内容。

二、体育教学思想

（一）以人为本

以人为本的体育教学思想是在西方人本主义思潮的影响下产生的，后传入我国，并成为我国体育教学思想体系的一部分。在这一体育教学思想的指导下,我国体育教学进行了有效的改革,即肯定了体育在育人方面的重要作用,强调尊重学生在体育教学中的主体地位,切实调动学生参与体育教学的积极性和主动性。

就目前来看,我国在以人为本体育教学思想指导下的体育教学改革取得了一些成效。因此,我国在今后开展体育教学时,仍有必要贯彻这一体育教学思想,以便在实现体育自身价值的同时,进一步深化学校体育教学改革。事实上,在新的时代背景下,贯彻以人为本体育教学思想,不仅有利于实现学生的个人价值与社会价值以及体育的健身价值和人文价值,而且能确保学校体育教学不断取得理想的成绩。此外,在体育教学中,应用以人为本的体育教学思想时,要想获得良好的成绩,必须做好以下三个方面的工作:

第一,充分尊重学生在体育教学中的主体地位。以人为本体育教学思想要求学校在开展体育教学活动时,必须以学生为主体,确保每一个学生在体育学习中都能够有所收获。学校在具体开展体育教学活动时,必须尊重学生的人格,承认学生在个性、身体素质以及学习能力等方面存在的差异,从而因材施教,确保每个学生都能积极主动地参与体育学习之中。

第二,充分尊重体育教师在体育教学中的主导作用。体育教师应不断充实自己的体育理论知识,提高自己的体育运动技能,丰富自己的体育运动经验,并重视研究体育教学大纲、体育教材以及体育教学的方法、手段等,以便能够在体育教学中充分发挥主导作用,确保体育教学的顺利开展并取得理想的效果。

第三,科学构建体育教学的评价体系。传统的体育教学在开展教学评价时,评价方式比较单一,评价内容也比较固化,因而评价的结果不够客观、准确,影响了体育教学的进一步发展以及学生的全面发展。而以人为本体育教学思想要求学校在开展体育教学评价时,必须运用多样化的评价方式,而且要尽可能保证评价内容的多元性与全面性,从而能够发现学生的运动潜能,帮助学生建立学习体育的自信心,继而确保每一个学生都能够在体育学习中有所收获,有所提高。

(二)健康第一

传统的体育面向过军事,面向过劳动和生产力,也面向过精神层面的培养,还面向过竞技等。而健康第一体育教学思想的提出以及其对体育课程和教学的改革的指导,说明体育要面向生活,面向人的健康和幸福生活,面向终身体育。需要注意的是，这里所说的健康绝不只是指学生现在的健康，而是学生一辈子的健康生活、健康文明幸福的生活。

在体育教学中应用"健康第一"的体育教学思想时，要想获得良好的成效，必须做好以下工作：

第一，重视培养学生的体育兴趣。在体育教学中，要贯彻健康第一体育教学思想，实现体育教学的目标，推进体育教学改革，最为重要的一点就是培养学生的体育学习兴趣。

第二，重视对体育教学方法进行改革。体育教学最主要的目的就是促进学生的全面发展，包括增强学生的体质、丰富学生的体育理论知识、提高学生的体育运动技能、培养学生良好的体育锻炼习惯、提升学生的思想品质和意志品质等。基于此，在开展学校体育教学时，必须积极探索更为科学的体育教学方法，确保体育教学目的的实现。

第三，切实落实学生体质健康标准。在开展体育教学时，只有严格遵守健康标准，才能真正达到增强学生健康的目的，从而使学生终身健康的意识和行为得到升华。

（三）终身体育

终身体育是指在人的一生中都要进行身体锻炼和接受体育教育与指导，它是终身教育的一个重要组成部分。终身体育思想的终身性是指在以终身体育教学思想为指导来开展体育教学时，必须根据个体生长发育、发展和衰退的规律和阶段性特征引导其进行科学的身体锻炼，并养成终身锻炼的思想，以便能够终身受益。在体育教学中应用终身体育教学思想时，要想获得良好的成效，必须做好以下工作：

第一，积极培养学生的终身体育意识。在体育教学中应用终身体育思想时，必须重视培养学生的终身体育意识。为此，要重视端正学生的体育学习态度，使他们建立正确的体育学习目标，形成长远的、持久的学习动机；要重视培养学生的体育锻炼习惯，并引导学生将体育锻炼的习惯延续到校园生活以外；要重视培养学生的体育素质，并要以健身为目标，将素质、技能、知识、能力等教育内容渗透到学生终身体育意识的培养中。

第二，不断丰富和拓展体育教学的内容。不断丰富和拓展体育教学的内容，对于培养学生的终身体育观念也有重要的作用。具体来说，体育教学内容的丰富和拓展能够使学生始终对体育运动保持较高的兴趣，从而更加积极、主动地参与体育教学之中。这对于学生终身体育意识的养成来说也是十分有利的。

第三，积极引导学生将自我发展与社会需要有机融合在一起。终身体育着眼于人一生中各个不同的年龄阶段、不同的生活环境、不同的职业特点来选择相应的锻炼方法和内容，进行不同形式的身体锻炼，以保证终身受益。而学校体育教学正是为未来扮演不同社会角色的学生提供了一个良好的参与体育的机会，通过教导学生参与体育锻炼，以便其进入社会后更好地适应社会。终身体育不仅要促进学生在学校的发展，还应充分满足社会发展对学生未来的发展需求，这就要求体育教学应重视学生的当前和长远发展。为此，高校在开展体育教学的过程中，必须积极引导学生将自我发展与社会需要有机融合在一起。

（四）创新教学

21世纪是知识经济的时代，这种经济是以不断创新的知识为主要内容，它依靠新的发现、发明、研究，并建立在知识的传播、转化和应用的基础上，是一种高度智力化的经济，其核心在于创新。这一切又深深扎根于教育的基础，因此实施创新教育就是时代的呼唤。迎接世界科技发展的挑战，实现民族的伟大复兴，关键在于人才，而人才竞争的关键又在于教育，因此教育的种种不适应必须改革、创新、调整，这是素质教育思想的根本所在。也就是说，我国要推进教育改革，必须遵循创新教育思想。

在体育教学中应用创新教育思想时，要想获得良好的成效，必须重视培养学生的创新能力。体育教师想要对学生的创新能力进行培养，就要在体育教学中做好以下工作：

第一，充分尊重学生在体育教学中的主体地位。体育教师应在保障自身主导性的同时，充分尊重学生的主体地位，这就要求体育教学要以学生为本。以学生为本则要求体育教师激发学生的求知欲，调动学生自学的积极性，尊重学生的主动性，让学生能够自由地茁壮成长。

第二，借助于灵活多变的教学方式来增强学生参与体育运动的兴趣。与文化课相比，体育课呈现出一些特点，即更加形象、更加直观、更加生动、更加富有趣味性。此外，体育教学课堂是比较灵活的，体育教师可以依据教学课堂的实际情况，借助于游戏、比赛等来丰富教学的内容，同时促进学生参与课堂教学的积极性和主动性。因此，体育教学的方法绝不能是单一的、固定的，必须具有多样性和变化性。

第三，积极鼓励学生进行创新。体育教师在开展体育教学活动时，也需要鼓励并引导学生用新的思维对已经学过的体育知识和体育技能等进行重新审视，以便学生能够不断优化自己的体育知识结构、完善自己的体育技能、形成新的认知理论和认知方法。

第四，将对学生创造力的培养延伸到课堂之外。一节体育课的时间是有限的，仅仅依靠课堂教学来对学生的创造能力进行培养是完全不够的。而课外的时间相比课堂时间来说要多很多，而且课外有着更为广阔的空间来供学生进行实践。因此，体育教师可以充分利用课外的空间和时间来培养学生的创造力。将对学生创造力的培养延伸到课堂之外，也有利于培养学生的终身体育意识。

第二节 现代高校体育教学的特点与功能

一、现代高校体育教学的特点

（一）现代高校体育教学的共性特点

体育教学与其他学科教学有一定的共同点，但也有很多不同点。从体育教学的性质来分析，体育教学与其他学科教学的共性主要体现在以下方面：

第一，体育教学是教师与学生的交流及互动。在体育教学过程中，教师与学生的双边活动和其他学科的教学活动一样具有互动性强的特征，教师与学生存在着双向交流。教师在课上的一举一动是公开的，教师的指导对全体学生会带来或大或小的影响，教师的教与学生的学是课堂教学对立统一的充分体现。

第二，班级授课制是体育教学和其他学科教学都具有的上课方式。与其他课程教学一样，体育课的班级组成一般是自然班，但也有打破自然班组合的情况，例如，在高校体育课的选修课程中，每个教学班的人员组成并不是自然班，有同一个学院、同一个专业各个平行班的学生，也有同一个学院不同专业的学生，甚至有不同学院、不同专业的学生在同一时刻一起上体育课的情况。出现这样的情况是由高校体育教学的特点所决定的，这种授课方式虽然打破了自然班的建制，但实际教学中依然体现出了班级授课的特征。班级授课制的特点是一个学期内体育课堂教学的班级学生相对固定，且班级内学生的年龄、生理基础、技能水平基本处在同等水平线上。

第三，体育教学的主要目的是传授相应的知识和技能，这与整个教育事业的"传道授业"有着同样道理。相较于其他文化学科，大部分学生喜欢并且愿意上体育课，并且学校对体育课的要求越来越细致、严格。大家都知道，参加体育活动对身心发展具有很好的促进作用，特别是对智力开发具有特殊的意义。因此，体育教学是对"知识与技能"进行传承的独特方式，不同的是，体育教学传承的是体育文化。

（二）现代高校体育教学的独特特点

结合体育教学的性质，并对其他学科教学进行对比分析，可以总结出体育教学的独特特点，具体如下：

1. 师生身体活动——频繁性

在体育教学过程中，由于"身体知识"源于人体不断地思考、操作与实践，因此在体育教学中，需要体育教师反复进行技术动作的示范、反馈与指导，而学生要做的则是端正态度，集中注意力观看，之后再进行身体动作的尝试与体验。不通过亲身实践与身体练习，是无法习得相关技术与技能的。所以，在体育课的实际教学过程中，教师与学生进行身体动作教学是很常见的事情，但在其他学科的教学中很难看到。其他学科的课程一般情况下都在室内进行，要求安静融洽的课堂氛围，这样才能对激发学生的思维、产生学习效果起到良好作用；但体育教学则恰恰相反，在活动过程中，既有学生强烈的身体活动，也有适当的感情与情绪表达，这些都是外显的行为表现，渲染了体育文化，直观地体现了体育运动中积极与阳光的一面。

2. 传承运动知识——操作性

与其他学科明显不同的是，体育运动的知识是"身体"的知识，身体知识对学生认知自我具有重大作用，其重要性需要得到足够的重视。身体知识是一种回归人类自身感觉的知识。这方面的理论是人类发展过程中的一种特殊知识，是人们对外部自然知识的追求转向对人体内部知识的追求的结果，是人类面向自我、面向人类人体、面向人类自身的一种挑战。

当今，各级别的学校都十分重视学生的主体性，关注学生的个性养成，这种追求人类自我知识的回归，不仅显示出体育教学的特殊性，还体现了体育教学知识传承的特殊目标与根本意义。在未来，这类知识必将被大部分教育者所接受与认可，并将广泛地应用于人类身心健康的具体研究之中。

3. 学生身心合———统一性

体育对人自身自然的改造，不仅是外在结构与生理机能的统一，还是身体和心理的统一。体育教学要在传承体育文化的同时改变学生的身体形态，并强化学生的心理与社会适应能力的发展。体育教学与其他学科的智育教学所处的情境是不同的，它营造了一种能够直观感触到的教学环境，这些直观明显的、生动形象的、富含情感的教学情境对学生的心理与社会适应能力的健康发展起到了促进作用。因此，体育教学中的身心发展是一元的，符合辩证唯物论的哲学观点。身体发展是体育教学的基础，心理发展是依靠身体的发展而发展的，心理的发展同时促进着身体的发展。体育教学中，身心合一的统一性主要体现在以下三个方面：

（1）体育教师在教学中选择教学方法时必须考虑学生的个人情况，符合学生的身心变化规律，使学生在一定运动负荷的要求下，在身体锻炼与整理休息的过程中实现发展身心的目的。在人体开始运动后，机体的生理机能状态出现变化，各器官进行工作，长期坚持后运动水平就会进一步提升；发展到一定水平时，会固定一段时间；当体内堆积大量代谢物质，如糖原等物质消耗过多后，机体的运动水平就会下降。在体育课程教学中，教师对运动负荷和调整休息有着科学的分配，所以学生的生理机能变化不是直线，而是具有波峰和波谷的曲线。

（2）体育教学的内容在选取上不仅要注重对学生身体各器官与系统、各种运动能力和各种身体素质的正面促进，还要注重对学生心理健康及社会适应的培养，要符合心理学、体育美学和社会学等方面的要求。

（3）体育教学要符合学生的年龄特点和心理特点。大学生尚处于成长发育阶段，心理上很容易出现变化及波动，思维、情绪、意志等方面的变化会对动作技术和体育技能的学习产生影响。这种生理、心理负荷波浪式的曲线变化规律体现了体育教学具有鲜明的节奏。因此，体育教师应根据学生的心理特征对教学进行全面设计和组织，在促进学生身心发展的同时，培养学生对体育的积极性，形成对体育项目的兴趣，让体育教学更有效地发挥自身的功能。

4. 客观外界条件——制约性

体育教学还有一个与众不同的特点，那就是体育课的教学效果更容易受到外界各个方面的影响，更容易遭到客观实际情况的制约，如学生的体育基础素质、体质水平，学生的性别、年龄、生理和心理特点，外界气候条件、运动场地、器材设备等，这些因素都从不同层面对体育教学的质量有着不同程度的影响。

从体育教学的角度来说，体育教学的实施要体现教育的全面性，不仅要根据学生的运动基础进行区别对待，还必须对学生的年龄、性别、生理和心理特点等进行全面考虑。因为男生和女生在身体形态、运动素质、机能水平运动功能等方面差异巨大，所以教师在教学设计、教学要求、教学组织等方面要根据学生的性别不同有所区分。

5. 教学内容——审美情感性

体育教学师生运动过程中的形体美与运动美。学生通过身体锻炼让自己的身形变得更具有美感，形成身体各部分线条的美、身体比例对称的美，在运动的过程中体现出人体结构的美，这些都是体育运动的外在美。体育教学还体现了人类挑战自我的精神之美，也就是内在美。在运动中克服身体和精神的障碍，达到运动学习的目标；运动实践中体现谦虚、谦让、尊重等良好的道德风范，这些也都是美的表达。除了体育运动的外在美和内在美外，体育教学活动还体现了教学内容的审美性。

每个运动项目都彰显出不同的审美特征与美学符号：如球类项目，除了表现人的运动能力和运动天赋外，还展现了团队合作、相互协调、互帮互助等人际交往的必备素质；田径项目更多的是表现人类的力量与速度，同时显现出没有永远的赢家，永不放弃、奋勇拼搏的豪迈气概；健美操项目展示的是柔韧、灵巧、婉约、柔和的美等。

6. 教学过程——直观形象性

体育教学还具备鲜明的直观形象性——具体来讲，是体育教师在讲解动作的时直观形象。教师在教学讲解中的声音要洪亮、清楚，还要生动形象、通俗易懂地描述动作技术，把要传授的知识进行艺术加工，把复杂的技术动作诠释得形象、通俗，这样能让学生加深对动作的感知与记忆。同时，体育教师采用特殊的方式进行动作演示，需要通过直观的动作形象进行示范，具体方式有教师亲自示范、优秀学生示范、学生正误对比示范、教学模具示例、人体模型实例和动作图解等，使学生通过感官形成对动作的基础意识，建立正确的、清晰的运动表象。学生通过各种渠道与媒介观看正确的动作示范，获得生动的表象，同时活跃思维，从而达到掌握体育知识、技术和技能的目的，还能发展自身的观察能力和形象思维能力。

二、现代高校体育教学的功能

（一）传授运动技能

传统的运动技能等同于生存技能，那时的人类通过走、跑、跳、投、打等行为捕猎和采摘，以获得生存的能量。现代体育教学中所涉及的体育运动技能对于人体的要求就不再像过去那样严格，主要是指如球类、武术、田径和游泳等运动技巧和方法。适当参加体育运动对人的身体素质的提高非常有益，而体育教学就成为传授这些运动技术的最好方式。

当前的体育教学，是体育教师以体育教学内容为依据对学生传授体育知识与相关技能的双向信息传送的过程。具体来说，教师在体育课中传习的是各项具体运动技术，如足球运动中的传球技术，甚至可以细分到内脚背传球技术。运动技术的学习不同于其他学科的学习，它不仅需要学生对运动理论有深刻的了解，还要身体力行地参与技术练习，在无数次的重复中逐渐在脑中和身体上建立起对技术的表象反应，最终到熟悉动作以及可以在下意识的情况下做出正确的动作。因此，对于运动技能的训练，没有实践就很难学会。

作为运动技术的掌握者和传播者，体育教师在向学生传授运动技术的过程中发挥着十分重要的作用。体育教师对运动技术的传授，一般从简单的、入门的、基础的入手，在此之后逐渐积累，由简到繁，循序渐进。

（二）丰富的教育功能

作为一种教育活动，体育教学对人的教育功能是其本质功能之一，主要体现在以下方面：

1. 教会人的基本生活能力

人从生下来以后，缺乏生存需要的基本能力，如走、跑、跳等，这些都需要后天加以学习和训练，而体育教学是最好的途径。体育教师从小就教我们站立、走路、跑步的正确姿势，为我们日后生活打下了坚实的基础，这是人最初始的需求，从这个角度来讲，体育教育不可或缺。

2. 传递体育知识与文化

体育是人类生产生活中不断形成的文化活动，是一项宝贵的文化遗产，因此必须通过一定的活动来传递这种文化——体育教学就是承担这个职责的最好助手。通过体育教学，人们可以学习体育知识，掌握锻炼身体的办法，并且可以让人认识到体育对人的健康的价值，促进人们形成一定的体育意识，养成体育运动的习惯，从而形成健康的生活方式。通过引导青少年参加体育比赛，观看体育比赛，使其对体育规则和文化有进一步的认识和了解，从而起到传递体育文化的作用。

3. 促进人的社会化

每一个人都不仅是一个自然人，更是一个社会人，具有很强的社会性。人在经历家庭教育、学校教育、社会教育的共同作用后，人的社会属性逐渐成为第一性，逐渐完成个人的社会化。每个人只有完成社会化，才能不断适应社会的需要，如果一个人不能充分地、完善地完成社会化，那么他就可能会对社会产生一定的危害，因此，必须努力促进人的社会化。人在参加体育运动或者体育比赛时，都需要遵守项目的规则和要求，遵守规则放到社会领域便是遵守法律法规、遵守纪律等。体育比赛中强调的公平公正，如果延伸到生活中，就是追求社会的平等和公正。在参与体育比赛的过程中，需要跟不同的人交往，如队友、裁判、观众等，这些都可以帮助人适应社会中的角色，通过参与和体验，不断修正自己的行为。可见，体育教学是一项非常好的促进人社会化的活动。

4. 进行爱国主义教育

体育比赛等活动可以激发人们的爱国热情，这是一项非常好的进行爱国主义教育的手段。我们时常能在奥运会、世界杯等世界性大赛的舞台上看到运动员在取得胜利后披着国旗绕场一周的画面，这些都能很好地给观众传递极大的爱国热情，进行良好的爱国主义教育。国际比赛前的奏国歌仪式总能激发人们爱国的热情，让人们接受爱国主义的洗礼。

5. 立德树人的教化功能

体育教学的品德教化功能也非常显著，体育教师可以在教学中向学生传递社会上推广的、正确的社会价值观，还可以针对学生流露出的内在的价值观念做正确的引导，倡导和发扬正能量思想。新时代的高素质人才应具有顽强拼搏的精神、积极向上的生活态度、健康生态的生活理念、高雅文明的生活方式，高校体育在这方面起到极大的推动作用，其具体的作用机理在对学生于意识观念上的感化与行为上的外化，后者是前者的进一步升华和外在的表现结果。

第三节 现代高校体育教学的环境与原则

一、现代高校体育教学的环境

（一）现代高校体育教学环境的基础内涵

环境可分为社会环境和自然环境，人受不同的环境影响产生不同的行为特征，其改变可对个体乃至社会造成极为重要的影响。在体育教学活动中，外在环境可以作为评价教学质量的指标，影响体育教学活动的顺利开展和学生的身心健康培养。具体来讲，教学环境是一个由多种因素构成的复杂系统，对于促进教育计划的制定、教学活动的展开以及教学结果的评价具有重要意义。教学环境联系着学科的形成和发展。作为教学环境中的一种，体育教学环境是一种特殊的人类生存环境，良好的体育教学环境可以促进学生和教师身心健康发展，学生不仅可以从中提高体育学习能力，教师也能够利用其顺利组织体育教学活动。体育教学环境因其多样性、复杂性的特点，其实施需要综合考虑实际情况和客观条件。

与其他学科不同，体育学科的上课场所具有多变性，对于体育教学活动来讲，学生和教师参与的场所大多在室外，需要具备一定的体育教学器材和教育硬件设施，并且要求学生积极参加到活动中去。体育教学环境具体可以分为人文层面环境、物质层面环境。从人文层面环境来讲，体育教师需要充分考虑学生的实际条件开展教学活动，充分提高学生的参与的主动性和积极性，并且给予人文关怀，合理安排教学时间、教学内容；从物质层面环境来讲，体育教师应为学生打造良好的体育学习场所，并且为学生提供比较完善的体育教学设备和器械，促进学生身心健康发展。

（二）现代高校体育教学环境的主要特性

体育教学环境是体育教学活动的实施基础，从体育教学实践活动中可以看出，体育教学环境相较于其他学科开展的教学活动来说，具有更加复杂、明显且直接的影响。营造良好的体育教学环境是师生展开、参与教学活动的起点，也是师生参与其中最重要的依托，如果失去这一依托，体育教学活动便不能顺利展开，师生的教与学也就失去了立足点。另外，因其影响因素的多样性和范围的广阔性，体育教学环境的重要性常被人所忽略，从而影响体育教学活动实施的最终效果。但实际上，体育教学环境在体育教学活动进程中起着维持、推进作用，这主要是由于体育教学环境的复杂性、动态性以及可控性所决定的。

第一，体育教学环境的复杂性。对于体育教学环境来讲，其影响因素更为复杂和多样，这也是与其他学科教学环境有所不同的区别之一。详细来讲，体育教学活动的场地大多选择在室外或是增加开阔的空间，而极少选择在室内，这种特征决定了体育教学环境的复杂特性。体育教学环境还可能受到校风、班风、体育文化氛围、师生关系、气候条件以及地理条件等外部条件因素的影响，因此环境更加复杂。

第二，体育教学环境的动态性。体育教学环境具有开放性和多维度的特点。通常来说，体育教学环境的设计是根据学校实际情况和提前制定的教学目标、计划，专门组织开展的一种全天候动态变化环境，并且最后再进行选择、论证和加工处理，将环境影响因素统一整合，从而使其能够系统、集中地发挥作用，促进体育教学活动顺利开展。

（三）现代高校体育教学环境的完善优化

1. 自然环境的优化

学校可以积极利用自然环境的优势来弥补自然环境中的不足之处，进而为学生提供更好的教学环境。学校在对自身的自然环境进行分析和考量的过程中，可以很快地找到自然环境具有的优势。例如，北方地区在冬季的时候有很大的降雪量，所以可以开展更多的与冰雪相关运动；山区学校周围的场地是非常多样化的，所以可以开设更多的越野活动或者登山活动；海边城市具有先天的海洋资源和气候优势，所以可以为学生开设更多的水上运动。

想要为学生提供更好的体育教学环境，那么学校需要致力于构建室内体育场馆或者风雨操场，这样才能避免恶劣环境对体育教学活动的影响，不仅如此，还应该在场地周围建设更多的绿植草地，这样可以让运动场地的空气质量得到明显的改善，还能为学生遮挡阳光，降低环境的噪声污染，而且这样绿色健康的环境也会让师生的教学活动更加愉悦。

体育教学过程当中可以选择的教学方法或者教学内容是很多的，教师可以根据自然环境灵活地为学生选择适合的运动方式，教师选择具体活动的时候要避免学生活动的开展在极限环境中进行，要注意培养学生对体育运动的兴趣。

2. 设施环境的优化

体育教学活动的开展离不开体育教学设施，体育教学环境的设计也需要考虑教学设施。教学设施包括参与教学的教师、使用的运动器材、活动开展的操场或者体育场馆等，这些设施会直接影响教学活动，并且会影响到最终教学活动获得的教学效果。不同的学生对于教学设施的外观特征会有不一样的想法或者感觉，例如，体育场馆内部的灯光设计、颜色设计、设置安排会影响学生的感官，也会影响到教学效果。[1]

（1）合理布置场地和器材。合理配置教学设施可以让学生的身体以及学生的心理得到更好的发展，也能让学生对体育运动投入更多的精力，从而取得更好的教学效果。

（2）完善体育场地设施条件。学校除了提供更加优质的场地条件之外，还要考虑场地中的采光设置、照明设置以及声音设置。通常情况下，体育课的开展需要依赖室内场馆，所以室内场馆的照明设计、采光设计或者声音设计都会影响到教学活动的效果。此外，学校设置的场馆应该为学生提供安静的学习环境，避免噪声的影响，这样学生才能集中注意力，才能在最大限度上避免噪声对其注意力集中产生的不良影响。如果学生的注意力频频没有办法集中，那么学生就容易产生运动疲劳，而且情绪波动也会更大，难以稳定地开展体育活动。有的时候甚至会攻击他人。如果是在室外开展体育活动，那么噪声的影响是一定存在的，学校应该尽量地为体育教学活动提供更为安静的环境。

（3）搭建体育场地设施色调环境。体育教学环境的色调也会对教学结果产生一定的影响。一般情况下，色彩会影响到学生的心理状态或者情感状态，如果色彩是红色的或者深黄色，那么学生更容易处于激动状态，如果是绿色或者蓝色，学生可能会感觉很轻松。也就是说，相比之下，暖色调更容易激发学生的兴趣。例如，在双杠运动中学生更喜欢红色的双杠，而不喜欢木制

---

[1] 于海. 互联网背景下智慧体育教学环境设计策略 [J]. 武汉冶金管理干部学院学报，2021，31（02）：81-83.

的双杠。体育设施本身设定的颜色以及学生体育运动服装的颜色也会对教学效果产生影响，如果班级着装比较统一，那么班级学生在体育活动中的凝聚力就比较强。

二、现代高校体育教学的原则

（一）全面发展

体育教学应以促进学生的身体锻炼为基础，促进学生身心的全面协调发展为原则。在体育教学中，除了促进大学生身体健康外，还应将体育教学与心理学、美学和社会学等学科知识结合起来，全面提高学生智力、心理素质、美育（感）和能力等多方面的发展，以培养适应社会主义现代化建设需要的人才。

1. 全面发展原则的基本依据

（1）社会主义体育教学目的的需要。我国社会主义的性质决定了体育教学具有明显的社会主义目的性，这就是为培养身体健壮的全面发展人才服务。因此，体育教学要使学生身心双修。

（2）体育教学基本功能的需要。体育具有健身功能、教养与教育功能、休闲娱乐功能、促进个体社会化功能和美育等多种功能。由此可见，体育教学是集中实现体育多种功能的有效途径。

（3）学生发展的需要。在新的历史发展时期，学生的发展并不仅限于身体的发展，在思想、心理、智力、道德品质与行为、审美及表现美的能力等方面都应得到发展。

2. 全面发展原则的基本要求

（1）体育教师在体育教学中认真学习和领会体育教学大纲（或课程标准）精神，全面贯彻教学大纲（或课程标准）的目标和要求。

（2）体育教师应树立现代体育教学价值观念，用现代体育教学价值观去评价和衡量现代体育教学质量。现代体育教学除了具有一定的生物学价值，还具有心理学、教育学、社会学及美学的价值。

（3）体育教师在制定教学任务、选择教学内容和运用各种教学手段和方法时，都应注意增强学生体质并促进其全面发展。

（4）体育教师在制定各种体育教学工作计划和编写教案时，应在课堂中给予学生足够的身体练习时间，并在教学中重视学生的心理发展。

（二）活动安全

1. 活动安全原则的基本依据

体育教学不同于其他学术学科教学，在体育教学过程中，教学场所的变化和所需体育器材的参与都给教学安全提出了较高的要求。体育教学既是安全教育难点，又是安全教育重点，在体育教学中要保证学生的基本安全。体育运动的美或多或少都建立在一些冒险中，这也是体育的本质属性和魅力之一。在体育教学中，尽管这种安全隐患不能完全避免，但也应尽量减少意外伤害事故的发生。

2. 活动安全原则的基本要求

（1）对各种隐患考虑周密并作相应预案。体育教师在长期的教学过程中积攒了足够多的经验和教训，因此可以将这些内容加以汇总和归纳，并对可能发生的危险做出相应的预案，一旦发生意外，能冷静处理。

（2）加强对学生进行安全意识教育。体育教学的安全需要教师和学生的共同参与，因此不仅需要体育教师的严谨和全面的考虑，还要加强学生的安全意识。对此，教师在日常的体育教学中要不断教导，让每个学生都建立起安全运动的意识；学生在体育课堂中要严格按照教师的要求去做，注意课堂纪律，参与体育活动量力而行。

（三）循序渐进

1. 循序渐进原则的基本依据

在体育教学过程中，最先要遵循的就是由简到繁、由易到难、由已知到未知、逐步深化的循序渐进的原则，循序渐进才能让学生更好地掌握体育方面的知识、技术和技能。

2. 循序渐进原则的基本要求

（1）制定好教学文件、安排好教学内容。在保证教学文件和教学内容都安排妥当的情况下，才能执行教学工作。因此，教师在进行教学工作之前一定要制定系统科学的教学计划方案。在制定教学计划文件时，每个运动项目、每次课、每学期的内容和教法，都应前后衔接，逐步提高。教学计划中内容的安排对教学工作的实施效果具有至关重要的作用，教学计划的制定既要考虑该运动项目的由易到难、由简到繁的顺序；又要考虑与其他运动项目之间的关系。项目的安排应遵循循序渐进的原则，以保证前一个项目的学习有利于后一个项目的学习。

（2）不断提高学生生理负荷。学生的生理负荷可以采取波浪式、有节奏地逐步提高，因为机体需要一定时间的适应，课程交替有节奏的安排。合理利用超量恢复是生理负荷提高的有效措施。

（3）不断提高自身文化素养。教师应深刻了解学生身心发展的一般规律和特点，了解各项教材的系统性及其之间的关系。

（四）巩固提高

1. 巩固提高原则的基本依据

根据遗忘规律和运动条件反射建立与消退的理论，学生学到的知识与技能在一段时间内，如不经常复习就会遗忘或消退。根据"用进废退"原理，学生对所学习的运动技能进行反复练习时，有助于发展运动能力、身体素质和生理机能，起到强身健体的作用。因此，要注意巩固提高所学到的知识和运动技能。体育教学多为身体的练习，这种练习如果不能得到巩固，就会随着时间的延长而消退，因此，在体育教学中，遵循巩固提高原则是十分必要的。

2. 巩固提高原则的基本要求

（1）在体育教学中，教师应合理安排训练计划，让学生进行反复强化的练习，增加练习的密度，不断巩固运动条件反射，使其获得进一步的巩固和提高。制定合理的训练计划，可以让学生在巩固提高的过程中避免出现过度疲劳损伤机体。

（2）体育教师应重视良好体育教学方法和训练方法的选择，可采用改变教学方式或者改变练习条件来达到巩固提高的目的。

（3）体育教师可以通过增加运动密度和动作重复的次数，不断巩固学生的运动条件反射，以提高其技术水平、身体素质和体育能力。

（4）教师要给学生布置适量的课外体育作业或家庭体育作业，将课内课外结合起来，达到巩固提高的目的。

（5）体育教师应不断提出新的学习目标，以培养学生的体育运动兴趣和进取动机。

（五）因材施教

1. 因材施教原则的基本依据

作为体育教学的主体，学生之间具有共性与特性。共性体现在身体年龄阶段发育的稳定性和普遍性；特性则是每位学生受性别、遗传、生长环境、教育水平、认识能力等因素的影响，彼此之间存在差异，身心发展显现出很大区别，而具体到学生具备的体育运动能力的话，这种差异性就可能更加明显，如有些学生的家长喜爱运动，所以从小就鼓励孩子参与体育运动或参加业余体育训练，这样孩子的运动水平一定能超越同年龄段的孩子的平均水平而显得格外突出。因此，体育教学中应重视不同学生及同一学生不同阶段的差异，因材施教。

2. 因材施教原则的基本要求

（1）引导学生正确对待个体上的差异。差异的存在，如果利用得当，还是一个教育鼓励学生之间互相帮助、培养团队意识和集体精神的好方法。学生之间的运动天赋和对体育的了解各有不同，要在体育教学中贯彻个体差异性的原则，教师应在自己充分了解学生个体差异性存在的基础上，向学生讲解个体差异的存在，并引导学生正确看待差异。差异的存在是客观的，然而这却不能成为歧视天赋较差的学生的理由，同时教师也不能过分偏爱天赋较好的学生。

（2）深入细致地研究和了解学生之间的差异。一方面，教师要对学生个体的差异性进行全面地了解，这是贯彻个体差异性原则的前提条件。对此，教师可以在学期前进行一些测试或座谈交流，弄清不同学生在身体条件、兴趣爱好和运动技能等方面的差异；另一方面，教师应认识到学生个体差异并不是一成不变的，如有些学生在一开始的测评中被认为是没有很好的运动天赋，但是其本人非常热爱体育运动，在平时的课堂上也非常积极地配合教师完成各种教学内容，慢慢地学生的进步就会突飞猛进。对此，教师要有长远的眼光，要能发现不同学生在运动方面的天赋。

（3）丰富教学实践，选择适当的教学方法。在体育教学中，有些项目是不能根据"等质分组"的原理来处理区别针对性教学的问题。因此，教师面对这种情况就要运用其他方法来对待个体差异性，如安排"绕竿跑""定点投篮"等教学方法。这些项目的设立是为了能够给那些在某些项目中没有任何特长的学生，让他们依旧对体育产生兴趣，而不是因为参与某项运动的成绩太差而觉得自己成为体育课堂的"局外人"。体育教师应让每一个学生都能参与体育教学活动中来，体验运动的快乐。

（4）重视学生个体差异性与统一要求的统一。在体育教学中，提高全体学生的综合素质是每个教师的目标，因此在制定教学目标时，都会考虑目标的可行性，要满足大部分学生的要求。学生的个体差异是客观存在的，教师应在教学中充分重视这点，但是体育教师也要立足于整个班级的教学，对学生统一要求，以促进学生完成教学任务，达成体育教学目标。

（六）专项教学

1. 专项教学原则的基本依据

体育教学的内容丰富、种类多样，不同内容的体育教学对学生的要求是不同的。因此，教师应结合体育教学项目的特点和规律开展体育教学，在促进学生基本身体素质提高的基础上，发展运动专项能力，提高运动水平。

2. 专项教学原则的基本要求

体育教学专项教学原则要求体育教师应重视学生专门性知觉的优先发展。体育运动通常是在具体的运动环境中进行的，以篮球为例，篮球运动围绕篮球、篮球场地以及场地上的器材进行，学生在运动过程中对环境和器材的感知是其专门性知觉发展的过程，其中手指、手腕对球的控制能力对篮球教学至关重要。因此，教师应重视学生对球控制能力的优先发展。

（七）终身体育

1. 终身体育原则的基本依据

通过体育教学，长久地影响学生一生对运动健身重要性的理解，并身体力行地参与其中，是体育教学的最终目的。因此，培养学生终身体育思想，促进学生终身体育习惯的养成是体育教学应遵循的基本原则之一。

2. 终身体育原则的基本要求

（1）培养学生的终身体育意识。教学中教师要善于发现学生的体育爱好与技术特长，并加以引导培养，以此来激发学生对体育学习的兴趣，使其树立终身体育意识，养成体育锻炼的习惯。

（2）在体育教学中充分考虑教学的长、短期效益，体育教师不仅要重视体育教材或某项运动技能的教学成果，还要考虑体育教学的长期效益，这与体育教育总体目标的要求是一致的。

第四节　现代高校体育教学改革创新的背景

一、体育教学与创新教育

以创造性发展的原理为指导，在兼具艺术性和科学性教学方法的作用下，使学生的健康个性、创造能力和创造意识得到有效培养，进而全面推动创造性人才培养目标实现的新型教学方法，即为创新教育。

作为学校教育的一部分，体育学科既统一于其他学科，又具有自身的个性。通过体育教育，学生获得了开阔和专属的活动和学习环境，以及满足其实践、操作、思维和观察需求的表现机会。相对于其他学科，体育学科在开发和提高学生创新能力方面优势明显。作为体育教学改革和素质教育目标实现的重要途径，将创新教育渗透到体育教学中，有助于学生创造性思维、创新能力、观察能力以及知识信息获取能力的培养。

（一）多样化的教学

第一，多样化的教学模式。侧重学生学习技能和实现心理发展的模式、侧重教学安排的模式、侧重教学内容的模式、侧重生生关系或师生关系的模式、以及突出综合运用多重模式的倾向等，这些教学模式无论是学习状态由被动向主动的过渡，还是生理改造向培养终身体育意识的过渡，抑或是由学会向会学的过渡，都充分表明各个教学模式适用范围的专属性。虽然仍需进一步完善这些教学模式，但其在有机结合体育教学理论和时间上的作用必将越来越凸显。

第二，多样化的教学方法。多样化的教学形式主要表现为理论教学、小组创编队形、分组考核、电化教学、提示教学、循环教学、分段教学、集体教学等，为了实现使学生性情得到进一步陶冶、学生情感得到有效激发的教学目标，教师应当积极组织生动有趣的活动，如我国体育发展史回顾活动、体育明星访问活动、观影活动等，以引发学生的情感共鸣。

（二）自主性教学

求异创新是创新教学的重要内容，即强调通过对学生的独立分析问题能力培养来实现学生从不同角度思考问题、解决问题的目标。在教学实践中，教师要坚定激发学生学习积极性、培养学生创新思维的方向，通过多样化、创新化、灵活性教学方法的应用，来实现促进学生发散求异、自主探究的教学情境的构建，以及自主表达、各抒己见的浓郁讨论氛围的营造，最终挖掘和开发学生的创造力。

如果教学活动开展的前提、过程和结论都是确定化的，那么就会造成学生的直线性思维，进而阻碍学生创造思维和独立意识的培养，以及增加优化学生思维品质的难度。而若是减少讲解的比重，则可以赋予教学内容独特的思维价值，使学生思维能力的发展得到有效推动。除了提出各种发散性问题以引导学生探索不同答案和解决问题的多重方法，教师还可以鼓励学生大胆提出疑问，通过以上两种路径，使学生的创造性思维得到有效训练，同时凸显学生对问题进行发现、分析和解决的创造力。

如今，为了适应社会发展的需要，高校体育必须实施创新教育——提高我国国民素质和国家创新能力的关键是具有创新能力的人才。体育教师在创新教育中起关键作用，要培养学生的创新意识和创新能力，教师就必须是一个创新者。

1. 体育教师应具有创新意识

作为国家发展的基础，创新为国家的发展和民族的进步输送着源源不断的动力源泉，教师是否具备创新意识和创造力，将对学生创新能力和创新意识的培养发挥决定性作用。而若想提升教师的创新意识，先要创新教育教学，如创新使用教材、器材、教学方法与手段等。

大学生是体育教师教学活动的接受者，因而，基于对教材特征和学生个性差异的精准把握，体育教师还应当重视所采用教学方法的针对性，避免出现以统一化标准对待差异化学生的现象发生。

体育教育是构成国家教育创新体系的有机组成部分，针对这一点，教师必须树立正确客观的认识，同时要将取其精华、去其糟粕的原则贯穿于继承传统体育教育的全过程，既进一步强化科学研究，又体现时代发展的趋势，使高校体育彰显中国特色。当然，作为兼具终身体育意识、实践能力和创新精神于一身的和谐健康的公民，体育教师也要将培养创新型人才作为其开展创新教育的根本目标。

2. 体育教师应具有较高的综合素质

评判一名教师是否具备创新能力，应当参照其是否能在学生创新的能力激发方面，以及学生创新能力的多角度、多层次培养方面发挥重要推动作用。具体来讲，创新型体育教师必须具备以下基本素质：

（1）爱岗敬业的职业道德，这是指引教师正确认识体育教育现实意义，同时在体育教育中兢兢业业、勇于奉献的思想保障。

（2）广阔的视野、敏捷的思维以及对新知识、新信息的接受能力，这是体育教师全面了解体育学科、对体育学科最新动向进行把握的基本前提。

（3）对前沿教学理念和创新思维方法的熟练掌握，以及较强的综合能力（如开发和利用创新教育资源的能力、创造思维能力、教学实践能力、教育科研能力等）。

（4）基于对师生良性互动的进一步强化和良好创新氛围的营造，体育教师要能够引导学生求新存异、勇于探究，要能够对学生创新主动性、能动性的激发以及成功欲望的启发发挥重要的诱导作用。

（5）为了正向指导学生的人格养成和学业发展，教师必须不断提升个人内心世界的丰富性和人格空间的开放性水平。

二、现代社会发展对高校体育教学的要求

知识经济主导国际经济是21世纪的主要时代特征，为了培养大量优秀人才以满足知识经济时代社会发展的现实需求，世界各国纷纷对自己国家的教育进行了调整和改革。作为学校教育的重要环节，体育在培养各领域专业人才身体素质方面发挥着重要作用。随着现代社会发展生活休闲化、教育终身化、学习化社会、信息传递网络化、资产投入无形化和经济发展可持续化等基本特征的日益凸显，学校的教育改革与发展，以及人才培养方针和途径，乃至与未来社会发展、社会生活需要相吻合等都面临着严峻的挑战，而这也成为我国高校体育现阶段迫切需要解决的重要问题。

具体来讲，现代社会发展对高校体育的要求主要包括以下两点：

（一）提高大学生身体素质

在不断变化发展的生产方式影响下，现代社会人力资源结构中的脑力人员数量与日俱增，相应的结果便是体力从业人员的同等减少，而现代社会生产的全新特征便是以高度的精神紧张被高度的肌肉紧张取代。

在日常生活中体力活动量减少和通信设备、城市交通现代化水平不断提升双重因素的影响下，人们走路的时间和机会大大缩减，生活富裕水平的提升也增加了人们在日常生活中对食物中高蛋白、高脂肪成分中能量的摄取和吸收，从而导致了肥胖人群的扩大化。这也充分表明了现代社会发展的双面性，一方面提升了人们的生活幸福指数，另一方面也减少了人们的体力活动，使社会大众由于运动量过少、运动时间有限而纷纷出现了现代文明病。

青少年的健康体魄集中体现了中华民族的旺盛生命力，因而学校开展体育教育要始终秉持并严格践行健康第一的指导思想。作为增强体质、增进健康的积极手段，高校体育在对现代社会文明病的防治方面同样发挥着积极、有效的作用。

从这个层面来讲，高校体育要服务于提高学生的身体素质，从而最大限度地满足现代社会对人的身体所提出的要求。

（二）提高大学生社会适应能力

在日益紧张的生活节奏以及日益残酷的竞争面前，人们适应自身所处环境的程度直接决定了其面临和应对这些挑战的效果，除了对自然界的约束，生存法则同样对人类的社会生活具有同样效益的约束。提高学生的社会适应能力拥有多重渠道，而高校体育教育则是其中极其重要的一个方法，因为只有在社会环境下，也就是建立与他人之间的内在联系的前提下，才能确保大多数体育项目的有序性和有效性。

在参与高校体育教学活动的过程中，当运动需要不同时，参与对象往往需要扮演其中的某个角色，并以特定的体育道德标准和体育规则为指导来组织体育活动。长此以往，学生在接触和体验与社会经历相近的各种情景时所采用的方式会更加集中、直接和主动从本质上来讲，这既是学生最早接触的具备社交雏形的场所，又体现了一种社会活动，同时在学生社交能力、独立工作能力以及社会适应能力的同步提高方面发挥着不可或缺的重要作用。

三、现代高校体育教学对大学生人格的塑造

（一）高校体育教育中人格教育的现实意义

整体上讲，凡是以实现健康人格塑造为最终目标的教育类型，也就是对与意识倾向相联系的人格因素的健康发展发挥重要促进作用的教育内容，均可被称为人格教育。学生的全面发展所涉及的对象，并不仅仅是小部分人，

而是满足社会发展需要的全体学生的共同进步，它要实现的发展目标也是涵盖德、智、体、美、劳等内容在内的人格的全面发展，是摆脱了统一范本和标准束缚，具有明显个人独特性的个性发展，是基于学校推动的、学生的当前发展而存在的可持续化的终身发展。

在体育学科教学任务和教学性质的双重影响下，体育教育应当将人格教育纳入其教学体系的重要内容。"体育教学在培养学生健康体魄的同时，也可以很好地培养学生群体的人格健康发展。"[①]从高校开展体育教育的角度来讲，应当坚定提高学生心理、身体和社会适宜能力整体健康水平的体育教育方向，践行健康第一的思想指导，通过多个领域（如行为、情感、认知、技能等）并行推进课程结构的构建，在课程实施的全过程贯彻和落实学生健康水平的增进理念。

同时，我国对体育教育在培养大学生健康人格方面的责任进行了明确规定。例如，以体育精神的发扬为前提，带动乐观开朗、积极进取生活态度的建立；对体育活动与自信、自尊之间的关系进行正确客观理解；推动克服困难、坚强不屈意志品质的建设；以体育活动等方法对情绪进行调控；以提高对群体健康和个人健康的责任感为前提，带动健康生活方式的形成；以和谐人际关系的建立为前提，促进良好合作精神和体育道德标准的形成等。

此外，将人格教育渗透到体育教育中，也与教育的现实需求相适应。

（二）高校体育教学对大学生人格塑造的作用

1. 培养竞争能力与参与意识

随着现代社会开放程度的日益提升，人们越来越重视个人对社会的融入和奉献，认为这是人生价值得以体现的有效路径。

作为社会群体的活跃度最高的人群，大学生在融入多样化、挑战性、丰富性的体育项目方面具有得天独厚的优势，甚至对于大学生群体而言，融入体育活动也是其明确个人定位以及在娱乐、体验、竞技、观赏的过程中有所收获。优胜劣汰在当下的竞争社会背景中已经成为社会大众的共识，因此高校必须在大学生培养方面进一步强调其勇于面对挑战、勇于应战的能力和勇气。

本质上来讲，体育的发展过程集中体现了人类竞争意识、创新意识和表

---

① 王宇航. 体育教学对学生人格发展的影响[J]. 运动，2015（23）：87-88.

现意识的实践和可持续发展。积极进行能力、水平和自信的自我展示和表现恰恰是体育活动对学生的重要要求，只有这样，才能将学生展现在别人面前，使其他人更直接、更透彻地了解学生的能力和魅力。除了对学生机体质量的有效改善之外，参与体育活动还对学生的性格与气质、自信勇敢人生态度的养成发挥着重要影响力，从而推动着其树立勇于接受挑战的勇气。

2. 培养团体意识与创造能力

团队集体项目在体育运动中出现的频率极高，集体是每一个成员能力发挥和潜力挖掘的环境，成员之间的相互配合、协调统一则为集体项目的成功提供了重要保证。因而，就必须杜绝极端的利己主义、自我中心以及对集体力量进行无视等情况的出现，坚定健康积极的道德基础，以集体荣誉感、责任感来升华个人思想境界，捍卫集体利益。同时，要让成员正确认识个人力量在集体力量面前的渺小和微不足道，从而培养其集体主义价值观，促进其乐于助人、合作意识优良品质的养成，以及为其参与学习活动提供动力保障，通过对先进技术和知识的掌握，有效推动社会的进步和个人的社会融合程度。

当然，我们也不能因此而完全忽视个人的创造能力，一个集体的创造能力必然来源于集体中每一个个体的创造力。因此提高大学生的创新思维和创造力是培养、完善其人格的必然要求。只有这样，才能保障学生思维活动的积极性，引导其自主思考，对原方案进行及时调整，从而有效应对瞬息万变的赛场，使学生思维的创造性和灵活性得到有效培养。

3. 培养挑战意识与自律能力

体育教学过程中，通过教学内容的巧妙设置、方法手段的有效实施等，诱导学生向难题、障碍、对方挑战。使学生在经历过筋骨之劳、体肤之累和心灵之震颤之后，能够收获一段宝贵的挫折经历，能够获得来自对自我、对手和困难加以战胜后的愉悦感。同时，教师作为这一过程的主导者，应当从方法论上指导学生，使其战胜困难、不断前进，有效鼓励其自信心，当他们面对挫折展现出退缩状态时，要教会学生坚持不懈，直至最后的胜利。经过长时间的训练，学生们不仅学会了积极乐观地面对和处理现实境遇，还可以在迎接新挑战时保持积极健康的心态，从而奠定其健康人生价值观的基础。

此外，公平合理是体育的基本属性，我们应当遵循其特定的游戏规则，以免因违反规则受到牵连，而受限于既定规则，也是任何人参与体育游戏和竞赛活动的基本前提，更是参与者道德行为沿着固定方向发展的制度保障。

学生越是表现出对教师和教练的尊重、对规则的遵守、对裁判的服从、对观众的尊重等，越是收获了大部分人的喜欢；反之，学生若是表现出了对裁判和观众的无视以及极端个人主义、动作粗俗鄙夷等状态，就会因对体育规则和"公德"的触犯被处罚和制裁。而体育活动的开展，就是进一步明确其"个人意志为集体需要让步"的思想意识，使其能够在符合体育规章制度相关规定的范围内组织和发展个人行为。进一步来讲，在依法治国时代的背景下，应逐渐培养其遵纪守法、以"法"律己的优秀道德品格。

在对健康人格进行培养的过程中，应该重视协调大学生体育能力培养与人格教育之间的关系，使学生的体育能力得到显著提高是现代体育教育的根本任务，所以在开展体育教育的过程中，也应当始终贯彻这一根本任务。

在人格塑造方面，体育教育同样发挥着重要的载体作用。除了使学生的体育能力得到显著提升，体育教育还应当充分发挥其人格教育、审美教育和思想教育的多元功能和多重任务，避免过度强调体育健身性、将体育学科等同于培养学生健身方法这一"纯健身训练"课的工具的误区，只有这样，才能确保人文价值源远流长，才能使素质教育的根本宗旨得到有效践行。同样的，还应当精准把握对体育人文性和体育教育的人格教育功能加以凸显的程度，从而使体育学科培养体育能力的价值得到有效保障。

总之，为了确保体育教学双向性功能的最大限度发挥，必须先保障高度统一体育学科的工具性和人文性。

第二章 现代高校体育教学的方法及其优化

第一节 现代高校体育教学方法及其意义

一、现代高校体育教学方法的概念界定

教学方法是指实现体育课程教学目标由师生共同完成的一切教学活动和教学方式的总和,它是一个由一系列行为组成的一个操作系统,具体包含了教师和学生两个层面的操作体系。具体可以从以下方面来对体育教学方法进行理解:

第一,体育教学方法是教与学的统一。好的体育教学方法是教与学的统一体,教师和学生之间只有通过有效的互动,形成一种沟通的桥梁,才能真正发挥出体育教学方法的作用和价值。我们可以从两个层面来理解体育教学内容和相关的体育教学活动:一是教师的教,二是学生的学。教师作为教授知识的主体,其选用的教学方法和手段都是以学生为对象的,学生对于知识和技能的掌握及其理解能力的提升是教学活动开展的重要契机;对于学生而言,他们只需要紧跟教师的引导的步伐,积极参与学习和互动的实践,与教师建立紧密的沟通和联系,以获得更大的进步。因此,只有将教与学切实贯穿于教学的整个过程,积极促进教师与学生之间的互动与交流,才能真正实现体育教学任务和目标。

第二,体育教学方法是师生动作和行为的总和。体育教学方法的贯彻与实施需要师生之间的互动,互动又是通过语言、动作和行为来实现的,因此可以说体育教学是师生的语言、动作和行为的综合体。学生要掌握体育运动的理论知识或者是某种运动技能,都必须经过体育教师的讲解、示范、纠正等动作的支持;在此基础上,学生进行反复练习也是一种行为上的体现。

第三，体育教学方法的功能具有多样性。现代教育理念赋予了体育教学多样化和丰富化的功能，现代体育教学既关注运动技能的掌握、身体素质的提升，同时也强调学生素质的全面提升。

二、现代高校体育教学方法的层次系统

第一，教学策略。教学策略是教学方法的组合，是教师将多种手法和手段组合在一起进行教学的行为方式。体育教学策略的优劣主要体现在单元和课程的设计思路和方案的设计。例如，作为一种广义的教学方法，"发现式"教学法就主要是模型演示法、提问法、讨论法、归纳法等传统意义上的教学手段的有机组合。

第二，教学方法。在体育教学方法的层次系统中，教学方法处于"中位"。它与传统意义上的教学方法基本相同，是体育教师为达到一定的教学目标运用教学手法进行体育教学的行为与动作的总和。例如，"提问法"的具体方法就是为检验学生对知识的掌握的状况，还可以激励学生积极参与课堂互动和对问题的思考。体育教学方法其实也是一门技术，而且会由于不同教师的教学风格的不同而呈现出不同的特征。

第三，教学手段。在体育教学方法层次中，教学手段处于"下位"。它是传统意义上的教学方法的一个部分，我们也可以将体育教学手段理解为一种"教学工具"，也就是说在某一个具体的教学步骤中可能会采用各种教学手段来协助教学课程的顺利完成。

三、现代高校体育教学方法的重要意义

体育教学方法的重要性不仅产生于教学活动的进行过程，而且在教学活动结束之后的一段时期内，教学方法为学生带来的影响也是极为深远的，因此，这是其他教学要素在功能上无法与之媲美的。

第一，促进良好体育教学氛围的营造。科学合理的体育教学方法使得学生对于体育学习的积极性以及参与体育活动的积极性都可以大幅度地提高；通过适当的科学化的体育教学方法，可以对学生的学习的专注程度也会有所提升，这对于形成良好的学习气氛也是非常有益的。另外，良好的学习氛围能够更好地带动所有的学生一起投入体育学习，从而形成一种良性的循环，最终共同提高体育教学的质量。

第二，促进学生身心素质的全面发展。任何一种体育教学方法的产生必

定是受到某种或某些科学思想或理论的熏陶与影响,因此可以说,任何一种体育教学方法都具有一定的科学性与和合理性。基于此,要达到促进学生身心健康发展的目标,体育教师就需要对体育教学方法进行合理的利用以及科学地组合使用。如果采用的体育教学方法与教学内容或者与学生的实际情况、学校的教学设施等客观条件相背离的话,不仅不能促进学生学习能力的提升,而且还有可能会给学生的综合发展带来阻碍。

第三,促进体育教学质量的提高。通过科学的体育教学方法,能够充分激发出学生的学习兴趣与热情,充分发挥出学生的学习主观能动性,这对于促进学生的学习效率和全面提高学生的体育教学质量具有积极的促进作用。

第二节 现代高校体育教学训练的传统方法

一、现代高校体育传统教法

(一)语言教学法

语言教学法是指教师通过语言方式来描述体育知识、文化、动作要领、技术构成、教学安排等一系列活动要点,学生通过对教师的语言的理解,逐步掌握知识的要点。

1. 讲解教学法

讲解教学法是指教师通过讲解来展开教学活动内容。讲解法一般用于体育理论的教学,体育教师在讲解时需要注意学生所处的认知能力和知识水平。如果讲解的深度和难度超出了学生认知能力的范围,让大部分学生感到难以理解,则说明教师阐释的方式或者选用的教学内容不适合学生。讲解法的使用要注意以下要点:

(1)明确讲解的内容和目标。教师讲解的过程要突出讲解内容重点和难点,讲解要有较强的目的性和针对性。教师在讲解之前就应预设好目标,以便于在讲解过程中对课堂的整体方向有所把握。避免信马由缰、脱离主题地讲解,这样往往使学生无法理解教师的用意,浪费了课堂的宝贵时间,导致课堂效率过低。

(2)保证讲解内容的准确性。教师要有科学严谨的教学态度,高度重视讲解内容尤其是体育历史文化、专业术语的解释、技能方法的描述要准确到位。

（3）讲解的形式要简单明了、生动有趣。任何繁冗拖沓、枯燥乏味的内容都容易让人产生厌倦的感受，因此教师要善于利用图片、视频与语言讲解相配合，同时采用多样化的表达方式，将知识点描绘得更加形象自然，加以肢体动作以促进学生对语言描述的理解。

（4）讲解要由表及里、易懂易学。对于同样的知识点，不同的教师进行教学的效果往往会产生一定的差异，产生这种差异性最主要的原因之一就在于教师对于引导学生进行理解的方式。优秀的、有经验的教师往往更善于通过对比、类比、递推、递进式提问等形式来启发学生的想象思维和主动思考，促进学生对于知识的敏感性，能够发现知识之间的内部联系，并形成自我的认知能力和属于自己的知识体系，并且能够灵活地完成对知识要点的迁移。

（5）体现讲解知识的逻辑性。教师要注重讲解的知识在逻辑上的先后顺序以及它们之间的内在关联性，以便于学生能够更快地完成对知识的掌握并形成较为稳定的知识体系。

2. 口头评价法

作为体育教学中的教学方法之一，口头评价是最为快速和直接的一种评价和提醒，它不拘泥于某个具体的时间点和地点，既可以在课堂中进行也可以是在一节课结束之后，体育教师对学生的学习和练习以及获得的学习效果进行简要的、概括性的点评。口头评价可以按照评价的性质分为积极评价和消极评价两种，具体如下：

（1）积极评价——带有肯定、表扬和鼓励的性质的评价。

（2）消极评价——由于学生的表现不够理想，具有一定的批评和鞭策作用的评价。由于该评价是以批评的性质为主，因此教师要尤其注意沟通的技巧，注意措辞的方式，就事论事，既要让学生充分认识到自己的不足之处，又要保护学生的自尊心。

3. 口令和指示法

口令和指示的语言凝练，短促有力，因此在体育教学的实践中教师可以适当通过口令和指示教授学生一定的知识，这种方式尤其适用于体育教学中的动作教学。口令和指示法的应用有以下要求：

（1）发令的声音要清晰、洪亮。

（2）注意使用口令法和指示法的时机。

（3）注意口令和指示发出语速和节奏，太快了学生跟不上，太慢了会削弱其力度和有效性。

（二）直观教学法

直观教学法是指教师通过给予学生的视觉等感官刺激来促使学生对体育知识产生深刻的了解，直观教学法的优势和特点是直接、生动、形象，因此产生的效果往往也更具有震撼力和持久性。体育教学中有以下常见的直观教学法：

1. 动作示范法

动作示范法是指在体育教学中，教师通过对教学内容的动作示范，来帮助学生熟悉动作的结构和动作的要领，同时对该技术动作有一个整体上的、比较形象化的了解。应用动作示范教学法应注意以下四点：

（1）明确示范目的。教师在示范之前，要明确示范的目的是什么，通过动作的展示，要使学生达到什么样的学习效果。进行动作示范之前，要指导示范的目的是什么，要展示什么。

（2）动作的示范要标准连贯。因为教师的演示就是学生学习和模仿的参考，所以教师的示范必须正确，否则一旦学生形成错误的动作习惯，对其后续的学习会带来许多麻烦与不便。

（3）注意要选择合适的示范位置和角度。教师这样做的主要目的是要使所有的学生都能清晰地观察到动作示范，从而对技术动作产生一致性的、准确的理解和认识，为了实现该目标，教师可以选择从多个角度来进行多次示范。

（4）示范应与讲解相结合。教师应通过示范、讲解两种方式的配合，调动学生的听觉、视觉和触觉等多个感官的功能，使学生对于技术动作有更为深刻的理解和认识。

2. 案例教学法

案例教学法是指教师在体育教学中用反面对比和类比等方法来列举例子，让学生能够更好地理解所教授的内容。案例教学法有如下的具体要求：

（1）案例的选取要适合，确保能够产生目标要达到的加强、对比等方面的作用。

（2）选取有关战术配合的案例时，其案例的分析要尽量详尽一些，并且要注意从攻和守两个角度来进行分析。

3. 多媒体教学法

媒体教学方法在现代体育教学中的使用越来越广泛，与传统的板书教学最大的区别和优势在于：多媒体教学可以形象生动地将教学内容展示出来，通过动画和视频演示、慢放和定格等操作，可以将每一个动作的每一个重点和细节都精准地定位、展示和分析，从而使学生对动作技术有更加快速、清晰、深刻的认识，这是传统的肢体示范和口头讲解都无法实现的。

需要强调的一点是，多媒体教学法的运用需要多媒体教学设备等硬件条件的支持，也需要教师具备多媒体操作技能作为软件方面的支持。

4. 教具与模型演示

利用教具和模型等实际物体来辅助体育的教育教学，可以使学生对于技术结构的理解会更加简便和轻松。其中需要注意以下要点：

（1）根据教学内容的实际需要，提前将教具和教学模型准备好。

（2）教具、模型的展示要全面到位。尤其如果是对器材进行具体的介绍和讲解的时候，可以让学生近距离地观察和体验。

（3）使用过程中要注意保护教具与模型，使用完之后要小心地收纳到指定的容器内，并放置到安全的地方以防损坏。

（三）完整教学法

完整教学法在体育教学中有着较为广泛的应用，其主要应用于教学实践课，该方法重点强调体育教学过程中要完整地、不间断地对整个技术动作的过程进行展示，使学生从整体上产生对动作的整体概念和印象。完整教学法在体育教学中的应用有以下要点需要引起注意：

第一，完整展示要及时。教师在通过语言讲解之后，要尽快进入整体展示的阶段，以保持学生在认知上的连贯性，使其在语言讲解和整体展示的连续、双重作用下，对技术动作有一个正确的把握。

第二，前期的动作练习要适当降低难度。对于难度系数稍大的动作，教师可以先降低动作的难度和要求来引导学生完成完整的动作流程，然后逐渐增加难度，待学生比较熟悉动作流程之后，再按照标准动作的要求来完成整个动作的学习和练习。

第三，对动作的各个要素进行全面的解析，而不是局限于将动作连续地展示给学生看。这里的动作要素主要包括动作的发力点、支撑点、用力的方向、大小以及所有影响动作标准的细节因素。

（四）预防教学法

学生的体育学习和教师的体育教学一样也是一个开放性的过程，因此其受到各种因素干扰的可能性较大。此外，学生的理解能力、认知水平、身体协调性和体能素质等各方面的条件也存在较大的差异性，要求所有的学生都能够迅速掌握体育知识和动作的要领显然是不现实的。在学习的过程中学生不可避免地会出现各种各样的错误，这就要求教师要注意观察学生的动作练习的情况，总结出其中的规律性，指出错误发生的根本性原因并予以纠正。预防教学法正是针对学生的错误认知、错误动作这种现象而提出的一种具有预防、阻断效果的教学方法。应用预防教学法有以下要求：

第一，教师在前期的讲解过程中要不断强化正确的认知，并对易于出错的地方予以强调，避免对动作的理解产生歧义和不正确的认知。

第二，教师在正式上课之前要对可能出现问题的地方进行预估，然后设计出一套比较完善和高效的解决方案，这样可以节约上课的时间，提高教学的效率。

第三，教师可将口头评价的教学方法综合运用到实际的教学过程中，提示学生在关键的时候不要犯错误。

（五）游戏教学法

游戏教学法是指教师通过游戏娱乐的方式促使学生对体育知识要点的掌握。该教学方法应用比较广泛，可用于各个学习时期尤其适合于低龄的学生，其最大的优势在于可以极大地调动学生的积极性。在进行游戏教学法的过程中，需要注意以下方面：

第一，注意游戏的设计其所涉及的行为方式、思维方式都应当与所教授的内容具有较高的相关性。

第二，游戏的设计和选择要注意学生的兴趣和偏好，应选择学生感兴趣的内容、方式。

第三，在游戏开始之前，教师要讲清楚游戏的规则和游戏的目标是什么，并注意游戏规则、目的的讲解。

第四，在开展游戏的时候，教师应鼓励学生要尽力而为，队友之间要形成良好的合作。

第五，在游戏过程中，教师要扮演好"警察"的角色，对于犯规的学生要给予一定的惩罚。

第六，游戏结束后，教师要问问学生的感受如何，同时对学生的表现给予中肯全面的评价。

第七，在整个游戏教学的过程中，教师要提醒学生注意安全，提醒并禁止具有安全隐患的行为。

（六）分解教学法

分解教学法是与完整教学法相对的，更适合于高难度的运动项目。分解教学法的主要优势分步教学，将原本很复杂的动作变得更容易理解和模仿，从根本上降低了技术动作的难度。具体来说，分解教学法的应用需要注意以下方面：

第一，科学地选择技术动作的分解的节点，不要破坏整个动作的连贯性。

第二，注意依次教学和加强衔接练习，对于分解后的各个部分要按照其先后顺序进行练习，之后还要将各个环节的衔接处结合到一起，并对此做专门的强化练习。

第三，将分解法和整体法结合运用，可以获得更好的教学效果。

（七）纠错教学法

纠错教学方法是指教师在实际的教学过程中发现学生理论认识和动作练习上的错误之后对其进行及时纠正。其中，动作错误主要体现在对于动作理解上的偏差而导致的错误，或者是由于不够熟练，达不到标准的技术动作，针对不同的情况教师要对此加以分析采用不同的引导方式。纠错教学法有以下具体的应用要求：

第一，纠错时，要反复重申正确动作的关键要点。要使学生真正明白错误动作产生的原因在哪里，这样才能帮助他们及时改正，而且不会出现反复犯错的现象。

第二，必要的时候可以使用一定的外力帮助学生对于技术动作形成正确的本体感觉。比起预防性的措施，纠错具有较强的针对性，因此，教师必须精准分析错的源头，从而给出最为合理和有效的解决方案。

（八）竞赛教学法

竞赛教学法就是通过组织各种比赛来促进体育教学的一种方法。竞赛教学法可以提升学生各方面的综合能力，是一种比较理想的训练方法和教学方法。具体来说，比赛可以增加学生运动技能的实践经历，同时还可以锻炼学生的团队协作能力，以及面对突发状况的心理调适能力和应对问题的能力。竞赛教学法是体育教学中具有特殊优势的一种教学方法，对于提升学生的心理素质、竞技水平以及他们的身体素质都有着不可取代的重要作用。关于竞赛教学法，应用时需注意以下四点：

第一，具有明确的目标。一般是通过竞赛提升学生相关运动项目的技能水平，因此应先明确竞赛目的，如通过足球运动竞赛切实提高学生的足球运动技能水平。

第二，合理分组。各个对抗队的人员实力要处于不相上下的水平，这样才能通过激烈的竞争获得共同的提高。

第三，客观评价。教师要密切关注学生在竞赛过程中的表现，既要从整体上把握，又要看细节的处理，只有做到这一点才能给学生以最客观和中肯的评价，从而使学生能够清晰地意识到自身的优势和不足，促进他们获得进一步的提升。

第四，竞赛教学法的前提条件是学生对于运动项目有一定深度的理解，并且已经熟练掌握相关的技术动作，这样可以有效避免出现由于不熟练带来的运动伤害。

在这里，我们只列举了一部分的体育教学方法，对于每一位体育教师而言，不能仅限于某一种教学方法，而是应当不断地尝试和学习新的教学方法，并结合教学的实际情况，科学、灵活地选择和组合，这样就可以显著提高体育教学的质量。

二、现代高校体育传统学法

（一）自主学习法

自主学习法是指学生主动发现、分析、探索，独立自主地进行体育学习的方法，但这并不意味着学生可以完全脱离教师的指导，而是要在教师一定的引导下开展的自主性学习活动。体育教师指导学生进行自主性的体育学习时，应当注意以下方面：

第一，难度要适当。由于是自主性学习，学习过程以学生自己思考与探索为主，这对于学生来说并不是一件轻而易举的事，因此教师要注意根据学生的年龄阶段、认知特点,为学生选择难度适当的学习内容,保证具有一定的挑战性,但又不至于无法完成。

第二,明确学习目标。教师要为学生自主学习制定一个清晰的学习目标,通过这个学习目标,学生要清楚地知道自己要完成的任务是什么,要解决哪些问题以及要达到什么样的水平。

第三,学生要参照学习目标,在学习过程中学会自我调控:①对学习过程有一个整体的把握;②学会积累各种学习方法,并思考学习方法与运用场景之间的联系;③要有创新思维,创造出专属于自己的策略。

第四,教师要对学生的自主学习给予适当的辅助与引导。学生的自主性学习并不是放任不管的无组织的学习,相反它更是一种有计划、有目标的学习过程,在这个过程中,教师要关注学生的学习进度,如果出现不妥当的情况,学生的学习路径或思考方式与学习目标发生偏离就需要及时给予纠正。

(二)合作学习法

合作学习法是指在学习的过程中强调合作的重要性,强调学生之间的相互帮助和配合,通过合理地划分工作任务和相应的责任,最终能够共同圆满地解决问题,达到教师所设定的学习目标,完成教师布置的学习任务。

第一,确立学习目标,通过该合作式学习预期要达成的效果是什么,即教师要重点培养学生在哪方面的能力。

第二,将全部的学生分成实力相当的小组,依据任务的特点,注意将不同性格、性别、特长的学生的合理搭配,以促使学生之间的相互取长补短。

第三,确定小组研究课题,引导学生合理地进行组内分工,并探讨如何提高全组的整体的学习效率。

第四,完成小组学习任务。

第五,各个小组之间进行学习和交流,分享各自的经验的心得,通过交流和分享,各个小组可以相互学习,发现自身的优势和不足。

第六,教师关注、监督和评价学生学习的过程,并帮助学生一起做好学习的总结。

三、现代高校体育传统练法

(一)重复训练法

重复训练法就是通过不断重复进行某一个训练内容来提高身体素质和运

动技能的一种体育学习方法。重复训练法的核心和本质就是通过重复性的动作使得某一固定的运动性条件反射不断地得到加强，使得身体产生一种固定的适应机制，进而使学生实现对技术动作的掌握。

1. 重复训练法的分类依据

一般来说，重复训练法有两种分类方法：一种是按训练时间的长短；另一种是按照期间间歇方式来划分的。

（1）依据训练时长划分，可分为：①短时间重复训练法（低于30秒）；②中时间重复训练法（0.5～2分钟）；③长时间重复训练法（2～5分钟）。

（2）依据训练方式划分，可分为间歇训练法和连续重复训练法。

2. 重复训练法的运用要求

（1）同一动作的反复练习容易使学生产生枯燥和厌倦之感，因此教师要关注学生的情绪的变化，并适当地给予调节。

（2）注意训练动作的规范性，同时还要注意训练的负荷。

（3）强调技术动作的正确练习，如果学生连续出现错误动作应停止练习，防止错误强化。

（4）科学确立学生训练负荷、强度和频率，要依据运动项目的特征和学生的实际情况来设定。

（二）完整训练法

完整训练法就是指在整个训练过程中只完成某一个动作、某一套连贯动作或者某一个技术配合，其最显著的特征是整个训练过程流畅自然、一气呵成。完整训练法的应用的注意要点如下：

第一，完整训练法比较适合于单一技术训练。

第二，如果是针对复杂的技能训练，就需要学生具有良好的基本技能的基础。

第三，在战术配合的完整训练中，教师要在战术的节奏、关键环节的把握等方面做适当的指导。

（三）循环训练法

当训练内容较多的时候可以采用循环训练法，其具体操作就是将这些训练的项目先按照一定的原则进行排序，依次完成之后回到最初的任务开始训练，不断重复所有的训练内容。循环训练涉及不同的训练内容，因此在一定程度上可以增强学生对于体育学习的积极主动性。循环训练法的运用要求如下：

第一，找出各个训练内容之间的内在逻辑和规律，合理安排它们之间的顺序。

第二，训练不能急功近利，而是要循序渐进，一般情况是先练一个循环，坚持训练两到三周再增加一个循环，这样学生就有一个适应的过程。

第三，注意一次训练不得超过5个循环。

（四）持续训练法

持续训练法就是无间断地、持续地进行某项身体练习的训练方法，其前提要求就是要保持一定的负荷、强度和运动的时间。持续训练法的分类方法可以根据训练持续时间来划分，可分为：短时间持续训练法、中时间持续训练法、长时间持续训练法。持续训练法的运用要求如下：

第一，持续训练法既可以用于单个技术动作也可以用于组合性的技术动作。

第二，在训练开始前，应向学生介绍具体的训练内容及其顺序安排，同时提醒需要注意的要点。

第三，持续训练过程中，体育教师要提醒学生注意训练动作的质量，并对动作的质量做出具体的要求，这样才能使持续训练获得比较好的效果。

（五）分解训练法

分解训练与完整训练是相对而言的，是对训练内容的各个阶段和环节出发，对其中的每一个部分做精细化的研究和训练，并做到各个击破，最后达到整体掌握的目的。

1. 分解训练法的分类依据

（1）单纯分解训练法。把训练内容分解成若干部分，然后分别练习。

（2）递进分解训练法。把训练内容分解成若干部分，依照规律有序练习。

（3）顺进分解训练法。把训练内容分解后，先训练第一部分，再训练第一、第二部分；再训练第一、第二、第三部分……步步为营。

（4）逆进分解训练法。与顺进分解训练相反，先训练最后一部分，再将前一个训练内容叠加训练。

2. 分解训练法的运用要求

（1）科学分解，对于浑然一体联系紧密的部分不能强行割裂。

（2）对各个部分要做精细化的研究，以便于达到训练动作的精细化、标准化。

（3）熟练掌握各个分解部分之后，要进行完整练习加以巩固。

第三节 现代高校体育教学方法的创新视角

一、健康体育视角下的高校体育教学改革

（一）健康体育的目标与原则

1. 健康体育的目标

健康体育首要目标就是强身健体。大学体育教学以育人为宗旨，以强身健体为出发点，以发展大学生鲜明个性、培养学生体育意识、养成终生体育锻炼习惯为主要目标。高校健康体育教学的目标，就是指导每一位大学生积极进行体育锻炼，促进大学生形态结构、生理机能和运动素质健康发展，为工作、学习与生活奠定坚实的基础。因此，高校应构建一个由多个子系统组成的目标体系。

目标体系主要由三大目标和两大指标构成，其中两大指标指运动技能指标及健康锻炼指标和发展身体指标。这个目标体系宗旨是树立正确的健康观念和终身体育观念，掌握健康与卫生知识和科学锻炼的理论和方法；发展目标在于提高适应环境能力，发展心理健康和生理素质；意志品质指标包含：培养良好的道德规范，发扬团队合作的集体主义精神，激发积极进取的拼搏精神；运动技能指标包含专项理论、运动能力、各级素质指标；身体指标包含全面素质指标、身体机能指标和身体形态指标。整个目标体系全面、系统地分析学生在不同阶段、不同层次的发展目标，避免了高校体育的盲目性和随意性，也增强了大学生追求健康体育的主动性的积极性。

高校健康体育的目标要理论联系实际，以锻炼身体为起点，逐渐到专项体育运动，再深化到专项理论知识、科学锻炼的原理与方法，最后培养学生终身体育的习惯。

2. 健康体育的原则

在高校健康体育教学的实施过程中，必须遵守五大基本原则，才能避免体育教学过程中的盲目性与随意性，保证对健康体育锻炼的共同追求和向往。

（1）区别对待原则。根据不同的个人实际体质，每一个人的健康体育锻炼方法必然不同，应该结合实际选择适合自己的健康体育锻炼方法。普通高等学校招生除高中应届毕业生外还有成人高考生，由于高考年龄限制的取消，大学生个体健康素质差异很大，情况也多种多样。我们应该采取区别对待原则，针对不同年龄层次、不同健康状况群体的需要，传授不同内容，采用不同施教模式，实施灵活多样的健康体育教育形式。

（2）循序渐进原则。具体的健康体育锻炼应有科学合理的顺序和计划安排，应按照合理的顺序，穿插适当的休息，形成加强—适应—再加强—再适应的模式，逐步提高身体素质。良好的身体素质是掌握专项体育运动技术的基础。因此在健康体育教育课程安排上，从基础抓起，全面提高身体素质、发展体能，然后教授专项运动技能和知识，再结合学生自身特色发展属于自己的体育风格。这种被动接受到主动创新的过程，是教育未来发展的趋势。

（3）积极创新原则。需要（目的）—动机—兴趣—行动心理学的规律，说明人类行动的积极主动性来源于需要。时代是不断进步的，任何事物的发展趋势总是前进的，而发展的道路又是迂回曲折的，健康体育也不例外。健康体育教学的理论和方法需要不断创新，专项运动技术与知识也需要不断完善创新，只有不断创新，新理论与新技能才能符合大多数人的利益，满足学生个性化追求，得到广大当代大学生的支持和拥护。可见，开展高校健康体育只能在改革创新中发展。

（4）积极主动原则。在平衡发展的基础上，健康体育锻炼必须使参与者认识到参加健康体育锻炼的重要性和寻求健康体育锻炼方法的积极性，充分调动他们的自主性和目的性，唤起学生对健康体育的共同追求和向往。了解不同学生的需要，针对当今高校体育教学存在的问题，加强对大学生的体育健康理论知识教育。通过大学多样的体育运动形式，培养学生自觉参加体育锻炼的习惯，形成良好的全民健身的体育文化氛围，使体育作为一种兴趣。

（二）健康体育理念与高校体育教学改革的关系

高校体育教学是面向全体大学生，以增进身体健康为核心目标的，通过身体锻炼增强学生体质，使学生进一步掌握专项基础知识和技能。在健康体育理论的视野下,除身体健康教育外,必须注重学生的心理健康教育和生活健康教育,使学生保持各种身体机能和能力的平衡发展。

1. 高校实施健康体育教学的必要性

体育是高校教育的重要组成部分,纵观体育教学改革发展历程,无论什么时代,即使体育教学改革方法不同,其改革的方向与落脚点都是培养学生健康的身体和强健的体质。因此,归根结底高校体育教学本质目的是增强体质、全面提升心理和生理素质、提高社会适应能力。健康体育理念是体育教学改革的终极目标和出发点。古今中外,人们非常重视体育教学,通过体育教学来提高学生的体能,提高抵御外界疾病的能力,满足自己的兴趣爱好,培养持之以恒的毅力和艰苦奋斗精神。体育锻炼不仅有锻炼身体的作用,还能愉悦身心,是缓解压力的好方法。21世纪的竞争是人才的竞争,大学生作为未来社会主义的接班人和建设国家的主力军,树立健康体育理念和终身体育理念尤显重要。

中华人民共和国成立以来,我国高校体育教学不断变革与发展,经历了从"运动技术中心论"到"身体素质中心论",到现在的"终身体育教育论"等,从应试体育教学向健康体育教学转变,继承与发扬高校体育教学的价值观念,进一步构建科学的高校体育教学观,促进和深化新时期高校体育教学改革。随着人类生活水平的提高和科学技术的进步,人们对体育运动的理解也越来越深入。

高校培养学生健康的体魄,就要强调健康第一的思想,健康第一的思想为高校体育教育改革指明了方向。所谓健康,不仅是身体健康,更重要的是心理健康。以健康第一为核心的健康体育教学主要帮助学生树立健康意识、养成正确的锻炼习惯和运动技能;相对应的高校体育教学的目的是让所有大学生身心全面健康发展。高校为学生创造健康教育的条件,提高身体素质;丰富教学内容,培养学生的健康意识和自我适应社会的能力;结合学生身心特点和需要,让大学生选择正确的锻炼方法和生活方式,学会用体育运动提高自己的健康水平。

2. 健康体育理念在体育教学中的地位

从健康体育教学理念提出后,高校体育教学改革一直以健康体育理念为中心思想,健康体育教学理念指导高校体育教学经过一系列曲折而艰辛的探索。在对健康认知的全方位理念下,由过去的只关注学生有无疾病转变为立足于生物学、心理学和社会学的三维空间，审视教学内容、方法和效果。依据区别对待原则，制定教学计划；根据学生的兴趣爱好来安排教学内容，有利于学生健康习惯的形成和培养。因此，高校体育教学改革应贯彻健康第一的理念。

另外，高校体育教学改革将实现健康体育作为最高目标。一直以来，竞技体育都是高校体育教学活动的根本，教学任务有规定的标准，学生只是一味追求体育达标，忽视了自身的身心素质的提高，体育课程中并没有包含心理素质和社会适应等方面的知识。高校体育教学改革把实现健康体育作为最高目标，根本转变学生的体育观念，由被动学习转变为主动学习，激发学生的积极性，促进学生的全面发展。随着社会生活水平的提高，发展健康体育成为高校体育教学改革的必然要求，也能让学生以健康的身心进入社会，迎接新的生存压力和挑战。

总之，高校体育教学改革仍然要以健康体育为最高目标，从本质精神出发，为学生身心健康的发展奠定良好的基础，培养学生终身体育的观念。

（三）健康体育理念对高校体育教学改革的影响

以健康第一为指导思想的体育教学的基本任务是：引领大学生进行积极向上、安全实用的健康体育运动，努力促进学生全面健康发展，培养健康和终身体育意识。因此，健康体育给新时代人们带来不可或缺的生活方式，对高校体育教学改革的作用也不容小觑。

第一，帮助学生树立健康的体育观念。随着普通高等学校的扩招，大学生毕业就业问题越来越严峻，就业压力让更多学生焦虑不安，精神负担和心理压力加大。贯彻健康体育理念引领体育教学改革新趋势，提供正确先进的体育信息，目的是帮助学生树立健康体育、全民体育和终身体育等积极体育观念。不仅使学生的身体健康，还要让学生享受体育活动在学习和生活中带来的积极影响。

第二，树立以"学生发展为本"的体育教学改革。在健康第一的指导思想下，围绕学生开展一系列活动，要以是否促进学生身心健康为出发点和归宿，以学生的个性与特点为本转变体育教学观念，要求全面提高学生的身心素质。教师应在了解高校大学生特点的基础上，重点增强学生身体素质，让学生不仅掌握体育文化知识还需熟练掌握运动技能，加强多元化结构的发展，尊重学生的自发性学习和发散思维，建立起新的师生关系，师生互换角色。

从教学目标和过程出发,以学生的健康为核心,从身体、心理和社会三个层面评价体育教学。体育教师改变传统的威严形象,培养与学生合作学习的关系,做到师生互动、活泼积极的课堂氛围,这一点是健康体育理念对体育教学改革的最新要求。

第三,培养学生高尚的道德品质。健康体育理念指导下的体育教学改革能够更好地指导学生走上正途,并且在体育竞赛中,公平、公正、公开的比赛规则能培养学生良好的品格;在奥林匹克文化视野下,学生能感受到努力、向上、积极进取和持之以恒的坚强意志,又能感受到团结合作的巨大力量,对培养道德情操健康、高尚的社会主义接班人有重要意义。

第四,促进学生拥有健康的身心。刚刚从高中踏入大学的校园,看似无拘无束的大学生活,其实生活、工作或是学习中也会遇到困难、挫折和障碍,这些问题会给学生带来精神上的压力和心理疾病,会形成沉默寡言的忧郁性格,对将来踏入社会处理人际关系造成障碍。高校体育教学改革在健康理念的指导下,不仅仅要增强学生的身体素质,还要使学生拥有强大的心理素质和良好的社会关系适应能力,达到身心愉悦的状态。面对难题和挑战时,能以健康、积极、乐观的心态解决困难,通过创设特定的情景进行健康教育才能事半功倍,让学生学会通过体育锻炼舒缓心理压力,减轻负担。健康体育教学不仅改善学生的身体健康,更能促进学生德智体美劳全面发展,鼓励学生以积极乐观的心态面对大学生活,用强健的身体和纯净的心灵建设祖国。

(四)健康体育视角下高校体育教学改革的途径

1. 以健康第一为教育指导思想

随着时代进步,高校体育教学改革的首要任务是树立健康第一和终身体育的指导思想。让全面发展、协调发展、和谐发展等教育思想真正落实到素质教育中,从而使高校体育教学长期、稳定和健康发展。根据健康的定义,我们将体育学科与生物学科、心理学科和社会学科联系起来,新的健康概念并不是传统的以身体健康为目标,没有疾病的状态,而是还要注重心理健康和适应社会等多角度的要求,追求身心健康的最佳状态。

以健康第一为指导思想的体育教学改革重点加强对健康概念的全方面认识,尤其是教师,引领改革教育教学的内容、教材、目标、方法和评价效果。教学内容应以健康第一为中心,体育项目要同学生的实际相结合,符合个体性、时代性与发展性的特点与需要。换言之,"健康"成为衡量体育教学目标和方法是否有效的关键。因此，目前高校体育教学改革应全面贯彻健康第一的指导思想，以终身体育为高校体育教学宗旨，坚持把学生作为出发点和归宿，把握素质教育改革的春风，以促进身心全面发展为目标，培养学生终身、健康、全面体育锻炼的习惯，为中国梦目标的实现培养社会主义接班人。

2. 以社会化为课程目标导向

广义上的课程目标定位于教育与社会的关系，而狭义的课程目标是指教育内部的教育与学生的关系，课程目标是连接高校体育与社会体育的桥梁，也是贯穿整个高校体育课程体系的核心，只有明确了课程目标，才能进行相关改革。健康思想指导下的体育教学将高校体育与社会体育相结合，高校体育课程目标以社会化教育目标为导向。

教育目标可以分为认知领域、情感领域和动作技能领域三个方面。社会化的课程目标涵盖面更广，依据社会公民应具备的基本素质，重点强调社会主义接班人应具备的德、智、体、美、劳五个方面素质的基本要求。具体细分为四个方面：①掌握体育锻炼的基本知识、技术和技能和卫生保健能力，以及适合自己的体育技能；②促进心理健康，养成良好的思想品德素质，提高身心全面发展；③培养学生对体育的兴趣与热爱，形成自觉主动体育锻炼的习惯，促进终身体育观念的形成；④以社会化为导向的课程目标还应与健康体育的理念相融合，实现健康体育、高校体育与社会体育一定程度上的有机融合，以高等高校体育教学为平台，根据社会需求制定课程目标，按照健康体育要求促进学生全面发展。

3. 以全面育人为目的

高校体育教学应以全面育人为教学目的，在增强学生自身身体素质和传授体育知识技能的情况下，教授学生学习的能力，进一步发展学生心理健康、思维能力、社会适应能力，来培养新世纪具有竞争意识的社会主义接班人。因此，全方位的体育教学目的，包括体能、健康、娱乐、经济、生活、心理卫生等教学，以此全面培养学生适应未来踏入社会的激烈竞争与挑战。在体育锻炼中，能开发人的智力，活跃思维；培养多方面的兴趣爱好，消除烦恼、焦虑、不安等心理障碍。体育教学想取得预期的体育教学效果，必须在全面育人的教学目标下，选择丰富的教学内容，采用多样的教学手段和方法，以公正、公平的态度设置教学评价标准。

为达到全面育人的目的，教师可以采用多种健康体育指导形式：集中指导，适合少数人参加,动作简单的情况;分组指导,根据不同目的、年级、锻炼水平、兴趣爱好自由、自愿分组进行;个别指导,针对个人实际情况制定相应的健康体育锻炼计划网。

4. 促进教材内容的多层次化

目前大学生的身体素质发展千差万别,在教学过程中必须使一般发展、共同发展和特殊发展、差异发展相结合,要求教材内容必须达到多层次化。总体上,体育教材内容应与时代接轨,提供给学生最基本的实用性强的内容。

(1)转变传统"一纲多本"的形式。"一纲多本"是指根据一个教学大纲,编写不同特色、品种的教材供不同地区使用,内容都是一样的,只是版本内容编排顺序不同。随着教育改革的深入和素质教育的普及,"一纲多本"的教材形式已经不适应当时情况,相应的体育教材逐渐向"多纲多本"的形式变化。"多纲多本"有利于提高教材编写的质量,有利于教材多样化的发展等。

(2)教材内容编写达到多元化。多元化包括健康化、多样化、新颖化、形象化、体系化,把教材内容与课余活动游戏观相结合,增加趣味性,从而提高学生对体育学习的兴趣。

(3)教材内容范围多层次。如应涉及知识层面、技术层面、理念思想层面、方法技巧层面、思想情感层面,删除教材中过时陈旧的内容,增加具有时代气息的特色内容,除理论必修课外,还应开设多样的选修课供学生选择。

(4)教材内容应多注重实用性,减少理论性知识。健康体育教学以培养学生终身体育理念为宗旨,应增加接近生活的喜闻乐见的运动项目和健康教育内容,如网球、游泳、扩展训练、攀岩、足球、溜冰等。也要让学生了解目前体育教学中较前沿的理论成果和研究方向。同时,课程内容应设置相应的必修课程和选修课程,学生根据自己的爱好与兴趣进行选择,通过教师的启发与引导,自主学习体育项目活动。

(5)新教材的内容多以运动医学和运动心理学为主,关于健康方面甚少。高校围绕健康第一的指导思想,在教材编写中,应将心理、饮食和疾病等健康知识与高校体育课程内容相融合,作为因果关系进行阐述。只有正确饮食,做到体内各机能均衡活动,有预防疾病的意识和常识,才能达到自身健康,再通过自觉体育锻炼和完善心理健康,才是健康体育的总目标。

5. 积极树立主动体育观念

主动锻炼的体育观念是指健康体育的需要,是培养全面发展人才的需要,是提高人口素质的需要。现代的体育教学主要以发展学生的创新能力为出发点,培养未来社会需要的创新人才,使学生产生强烈的欲望参加体育锻炼。在体育教学中,应既强调教师在教学过程中的主导作用,也强调教师与学生、教与学的多边互动是相互联系和相互配合的。

树立学生主动的体育观,需要做到以下四个方面:

(1)强调学生的主体性,学生的学习活动具有独特个性,教师激发学生学习和锻炼身体的主动性和积极性。

(2)强调师生活动的多边活动,传统教学只限于师生之间单向活动,学生一直处于被动地位,现代教学模式应建立师生多边活动基础上,对提高学生的主动性和积极性具有重要意义。

(3)注重学生学法的指导性,教学方法理论还包括教的方法和学的方法,教师要侧重学生的学的指导,使学生掌握体育科学的学习方法,在教学过程中对学生计划的制定与实施、学习内容的安排与计划、学习方法的选择与运用给予必要的指导与建议。

(4)注重学生的创新性,树立主动体育观是学生创新能力的前提,在教学过程中,根据已有知识、经验。从各个方面去发展问题,寻找解决问题的方法,在不断获得成功的过程中,养成经常体育锻炼的习惯。

二、终身体育视角下的高校体育教学改革

(一)终身体育与高校体育的关系

高校体育和终身体育两者的关系密切,都是属于体育这个范畴,而在发展终身体育阶段,高校体育被纳入终身体育的体系中。

1. 高校体育是终身体育的基础

高校体育是人们进行体育实践与身体教育的重要过程,是人们进行终身锻炼的基础阶段,是终身体育的一个重要环节,是个体接受的体育教育中最为系统、最为规范的教育,它是培养个体终身体育意识、提高终身体育能力和形成终身体育思想的最重要的时期,在整个终身体育教育系统中具有重要的地位。

高校是培养人才的基地,体育教育是培养人才的基础,合格人才不仅要

有渊博的专业知识，还应该具有一个健康的体魄。保持身体健康需要长期不懈地参加体育锻炼，高校体育教育是学生终身体育习惯养成的一个最重要、最关键的时期。高校体育教育不仅是让学生简单上体育课，更重要的是让学生了解相关体育知识，掌握一定的健身方法，养成体育锻炼的习惯。高校体育教育要及时加强学生主体意识的培养，提高独立锻炼的能力，强化终身体育观念，掌握锻炼身体的知识与正确方法。

2. 高校体育是奠定终身体育基础的时机

在高校学习的大学生正处在身体正常发育的关键时期，是人生道路中最宝贵最具有特色的黄金时期。在这个充满生机和活力的阶段，体育教师的言传身教、教书育人的作用，切合实际的教学内容，加之体育教师系统地传授科学锻炼的方法，良好的场地器材和锻炼环境，这些诸多方面形成了一个锻炼身体的较好氛围，必将对每一个大学生的体育观念、体育锻炼兴趣的形成以及锻炼习惯的产生起着积极的影响。

高校体育对大学生终身体育观念形成的积极作用主要如下：

（1）丰富运动经历，提高运动水平。大学校园是一个团结活泼、气氛浓厚、健康向上的体育活动环境。充分的活动时间、大量的运动器材及课堂上教师的专业知识传授都有力地促进了学生运动知识的丰富及运动能力的提高。通过2～3年的体育课学习，学生能够形成较为完善的专项运动知识体系，达到相当高的运动水平，为以后走上社会参与这些项目的活动奠定扎实的基础。

（2）激发运动动机，培养体育意识和兴趣。动机是在需求的刺激下，直接推动人进行活动的内部动力。现代社会竞争日趋激烈，随着人们体力劳动的不断减少，脑力劳动的不断增多，体育锻炼越来越成为现代人日常生活中必不可少的一部分。教师应在教学过程中从激发大学生运动需要入手，唤起其参加体育活动的内在动机。大学生通过一定时间的体育活动及相关知识的了解与学习，能够从中体会运动给人带来的身体和精神上的享受，逐渐形成习惯，保持稳定的运动兴趣。

（3）提高对运动锻炼的理性认识，形成终身体育观念。体育教学过程中，教师要通过体育理论课程，使学生明确锻炼价值、目的和要求，正确认识体育锻炼的重要性和必要性。树立正确的体育观，掌握一些较为实用的科学锻炼的方法，并引导学生在个人的运动实践中加以运用，使其在理性上形成对体育的正确认识，为形成终身锻炼观念打下坚实的理论基础。

培养大学生的体育意识与提高大学生的体育素养既是高校体育教育的重要内容，也是直接影响终身体育发展的重要因素。因此，普通高校体育教学应立足于现实，着眼于未来，提高学生自我锻炼身体的重要性的认识，树立终身锻炼身体的信念，掌握终身锻炼的手段与方法，使他们明确不仅在学生时代需要体育锻炼，而且进入社会后，在任何时候、任何环境、任何条件下都能做到独立地进行体育锻炼，达到终身受益的目的。

3. 终身体育为高校体育教育指明方向

全民健身计划以全国人民为实施对象，以青少年和儿童为重点，以普遍增强人民体质为目标。这不仅给我国推行终身体育带来了契机，也给高校体育改革和发展指明了方向。高校体育是终身体育的入门期，所以培养终身体育思想对高校体育改革有着深刻的影响。教学是高校体育的中心环节，也是高校体育改革的重点和难点，高校体育教育的目标是使学生掌握体育知识、技术和技能，养成体育锻炼意识、兴趣和习惯，增强体质，陶冶情操，促进身心全面发展。因此，只有用终身体育思想指导体育教学改革才能使高校体育适应社会发展的需要。

4. 高校体育与终身体育相辅相成

高校是学生接受体育教育最后的一个阶段。因此，高校体育不仅对学生在校期间的生活发生重要影响，而且还对学生步入社会后的家庭生活、余暇生活产生重大影响，将高校体育与全民健身结合是高校培养目标的延伸。体育教学最主要的目的是增强学生体质。随着对体育本质与功能认识的提高，高校体育在很大程度上要考虑学生终身的需要，在教学中应以终身体育为指导，培养学生终身从事体育活动的兴趣和能力，鼓励学生自觉参加体育活动，使体育逐渐生活化。

大学生处于身心逐渐成熟的青春期，也是世界观日益形成的关键期，接受良好的体育教育对完善自我、形成终身体育观和树立全民健康意识有着积极的作用，是将来社会体育、家庭体育、终身体育的倡导者、实践者、组织者和领导者。同时，在校学生是实施全民健身计划的第一代受益者，又是第二代推行者，当学生进入社会转换角色后，他们已形成对体育的兴趣、爱好和习惯，会随着他们的生活方式、行为习惯传播于社会，体现出向社会辐射的功能。

（二）终身体育思想指导下的高校体育改革与发展对策

21世纪是科技、经济高速发展的时代，"科技兴国"已成为我国的一项重大基本国策。科技、经济的发展，必将对教育提出更高的要求。高校体育作为教育的一个重要组成部分，如何进行深化改革，使之能适应21世纪教育发展的需要，适应人才培养的需要，这是一个十分重要并有待解决的问题。

体育教学改革是高校体育中一个永恒的主题，全民健身计划的颁布，明确体育教学的改革方向，既要打破以运动技术传授为主线的教学体系，又要短期效益（即增强体质）和长远效益（即培养终身体育的意识、兴趣、能力和个性发展，人际交往，独立从事体育活动和自我健康、监督能力）一起抓，为大学生毕业后走向社会，进行终身锻炼打好基础。

1. 明确以终身体育为核心的指导思想

自20世纪80年代起，我国学校体育界相继引入了包括终身体育思想在内的许多国外先进的体育思想，纷纷倡导终身体育。终身体育的提出顺应了时代发展的趋势，它与现代社会对体育的需要密切相关。学校体育作为终身体育的基础和中间环节，理应为学生的终身体育在动机、兴趣、意识、习惯、能力，在技术技能、方法和评价等方面奠定基础。为此，近年来各国在学校体育领域都很重视按照终身体育的指导思想进行改革。

确定学校体育教学思想必须与教育发展方向相适应，现阶段，学校体育教学指导思想应当以知识技能为先导，以培养体育能力为重点，以终身体育为方向。

（1）以传授知识技能为先导。学校体育教学首先要体现出作为课程教学所赋予的传授知识技能的教学任务，将传授体育知识、技术和技能与科学锻炼身体的原则、方法有机结合起来，才能有效地实现增强学生体质和终身受益的体育观。体育教学实践表明，学生对体育知识、技术和技能掌握的熟练程度，与增强体质和培养对体育的兴趣有密切的关系，学生对体育知识、技术和技能掌握得愈牢固、愈扎实，就愈能激发学生对体育的兴趣。因此，在体育教学中首先必须重视体育知识、技术和技能的传授，为学生提供科学锻炼身体的知识和方法。

（2）以培养体育能力为重点。体育能力是指体育知识、技术、技能和智力的有机结合，体现在体育教学中就是着重培养学生有自我身体完美的要求，有经常锻炼身体的欲望，具有必要的活动技能和运用技能的能力。从以往情况来看,绝大部分的学生走向社会后,都无法运用在学校体育课中所学到的体育知识和技能来锻炼身体,究其原因,主要是长期以来,学校体育教学忽视了培养学生的体育能力的缘故。为此,近些年来一些经济发达的国家为了适应形势发展的需要,纷纷对学校体育教学进行改革,改革的重点就是把增强学生体育能力,培养学生终身从事体育锻炼的习惯作为学校体育教学的主要任务。

因此,体育教学要重视体育知识和技能的传授,进而培养学生独立锻炼身体的能力、自我设计与评价的能力、自主学习与调控的能力、相互保护与帮助的能力、组织比赛和裁判的能力以及体育欣赏的能力等。通过培养学生的体育能力,使其走向社会后能够自觉坚持体育锻炼,为实现终身体育的长远目标打下扎实的基础。

(3)以终身体育为发展方向。以终身体育为方向是学校体育教学的长远目标,也是学校体育教学指导思想的核心。明确了这个目标,前面所述的"以传授知识技能为先导""以培养体育能力为重点"的学校体育教学指导思想,就不限于一个学期或一个学年所追求的近期效益,也不仅是在学校学习阶段的效益目标,而是要从培养学生终身从事体育锻炼的意识、习惯和能力出发,妥善处理同类体育课程和不同类型体育课程中有关传授体育知识技能、增强体质、提高体育能力和发展个性等的相互关系;正确认识和处理体育教学的近期效益、中期效益和远期效益之间的关系,并力求围绕终身体育这个长远目标,不断地开发学生的体育能力,练好身体,为终身体育打好基础,从而使学生终身受益。

改革和发展我国学校体育要以终身体育思想为指导,促使我国体育朝经常化、生活化、终身化的方向发展,体育人口大大增加,人们体质变好、健康水平不断提高。学校体育为了适应现代社会发展对人才培养的需要,必须以终身体育思想为主导思想,立足于将学校体育的近期效应和长远效应相结合,注重培养学生的体育兴趣、意识、习惯和能力,这是推动学校体育与终身体育接轨,培养身心健康、有良好体育习惯和能力的高素质人才的发展方向,也是对学校体育改革、发展与推进全民健身具有十分积极、深远意义的重大举措。

2. 选择灵活多变的教学组织形式

教学组织形式是教学活动赖以开展的必要条件。但教学形式并不是一成不变的,它必须随事物的变化而发生变化。必须明确的是,内容决定形式,而不是形式决定内容。体育教学组织形式的改革，不仅反映了体育教学改革的趋势，而且也能表现出体育教学改革的深度。在体育教学组织形式改革的实践中，我们应构建多种组织形式。

依据终身体育理论和体育教学模式理论原理，结合当前高校体育教学改革的实际，我们可以构建以终身体育理论为指导，以激发大学生的体育兴趣和爱好、发挥大学生的体育特长、培养大学生形成终身锻炼身体的习惯、提高大学生锻炼身体的能力、形成终身体育的思想与意识为目标的四种体育教学组织形式。

（1）分级体育教学。分级体育教学是一个依据学生身体素质状况，采取有目标、有计划地对不同群体施加不同教学内容和练习方法、手段，指导学生学习和锻炼的体育教学组织形式。设计此种教学组织形式主要考虑在一个整群的学生中，由于身体素质水平的差异，采用统一教材和教学方法往往不能满足不同学生的需要，严重影响学生的学习兴趣和积极性。本着区别对待和因材施教的教学原则，我们可以把一个整群的学生按素质水平分成不同的群体，对不同的群体施加不同教材内容、教学方法和考核方法，使不同素质水平的学生均能愉快地接受体育学习，体验运动的乐趣。

（2）选项体育教学。选项体育教学是一种依据学生的兴趣、爱好和运动特长等实际情况，学生自由选择上课的体育教学组织形式。选项体育教学组织既使学生对体育的兴趣、爱好得到了满足，又充分地发挥了学生在某一运动项目方面的特长，使其通过体育学习加深对所学项目的理解，体验运动的乐趣，从而使其热爱并长期从事该运动项目，养成自觉锻炼的习惯，形成终身体育意识和终身体育思想。

（3）康复体育教学。康复体育教学是一种依据病、残、肥胖、体弱学生的实际而设计的体育教学组织形式。教师有计划、有目的地针对学生实际，实施康复体育教学内容，使学生在恢复疾病的同时，也能体验到运动给他带来的乐趣，而不是"痛苦"地学习体育，从而建立起体育学习和生活的信心和勇气。这种教学模式对学生克服自卑心理，树立顽强向上、勇于克服困难的人生目标，具有良好的促进作用。

（4）运动处方体育教学。运动处方体育教学是一种依据每个学生自身健康状况和身体素质水平，对体育的兴趣、爱好和运动特长等实际情况，教师有目的、有计划地对不同的群体或个体施加不同教材内容和练习手段（运动处方）指导学生自我锻炼的体育教学组织形式。运动处方体育教学过程模式是从培养学生自学、自练能力入手,以"运动处方"为中介,使学生掌握一定的科学方法,达到培养学生养成自觉锻炼习惯,提高自学、自练、自我评价、自我创新的能力,形成终身体育意识和思想的教学目的。

3. 构建优秀的体育评价体系

对学生体育评价的问题,要从新的指导思想考虑。传统学校体育重视在一个阶段、某个方面的成果,而终身体育着眼于全过程的多个方面的成果;传统学校体育鼓励竞争,用"达标测试"和筛选,实行淘汰,使学生在一种有形或无形的压力下学习,而终身体育则强调体育是一个过程,着眼于它的全过程的多个方面的表现,强调评价标准的多元性。这就和传统学校体育形成了鲜明的对比,从另一个侧面给现代学校体育提出了一个重要课题,如何使现行的学校体育制度开放一点,使学生学习更生动活泼一点、更有效一点。问题的实质在于如何转变人们的价值观,逐步调整和改变学校体育的价值判断标准。从终身体育思想出发,引入学生体育态度、兴趣、学生终身体育意识、习惯和能力的评价,这不仅有利于学生体育素养的培养和提高,也为学校体育评价注入了新的血液和活力。

(1) 体育教育评价的本质与功能。教学评价的主要目的不在于选拔,即它不是作为一种结果而是作为一种过程存在于教学活动中。体育教学作为一种特定的社会活动,是通过发挥身体、心理参与和互动合作等一系列过程来实现的,对体育教学进行评价,必须确立评价标准,找到评价的基准点。体育教学评价的基点应从身体、心理、群体等方面入手。身体是体育教学的主线,德、智的载体,乃实质所在;心理乃精神,是主体的意识、思想、情感,一切能动的活动,群体乃中介,包括各种外围条件。身体、心理、群体是个整体,三者和谐发展,既符合学校体育教学目标,也是讨论评价标准的出发点和归宿点,同时符合评价主体的需要和客体的属性和功能。

体育教学评价作为一种教学过程其功能主要有:①信息反馈功能通过教学评价提供的反馈信息可以使师生明确教学目标及其实现程度,教学活动所采取的形式和方法是否有利于促进规定的教学目标的实现;②考察鉴别功能教学评价,可以了解教师教学的质量和水平,考察和鉴别学生的学习能力、学业状况和发展水平,还可以为管理者提供有关决策的依据;③强化功能正确合理特别是肯定的评价,可以提高教师和学生的积极性,维持教学过程的紧张状态,有时否定的评价也可激发被评价者积极主动地改进教与学的活动,不甘人后，奋起直追。

（2）构建适应现代体育教育发展的评价对策。

第一，评价目标、教学目标和教学指导思想的一致性。体育教学评价必须坚持评价目标与教学目标相一致的原则。如果评价目标与教学目标不一致，那么评价所把握的情况就会与教学活动所取得的结果相脱节，在这种情况下，不仅谈不上对教学的评价，而且也难以达到评价与指导的有机结合。如果评价能与教学直接结合，并作为教学的调整机能的一部分，这样就可以按照目标所确定的教师指导和学生学习的方向进行定期的评价，判断达到教学目标的程度。由此可见，必须根据教学目标来确定评价目标，否则必然导致偏离教育方向的后果。

体育教学指导思想是对体育教学活动起方向指导作用的、以教学目标任务为核心的基本观点与认识，教学指导思想是教学活动的根本方向和目标问题。体育教学目标必须以上述的体育教学思想为指导，而体育教学目标则是教学指导思想的具体体现。教学目标不明确就会使教学工作难以适从，必然会引起体育教学实施过程的混乱，因此，树立明确的体育教学指导思想的重要性是不言而喻的，教学目标和教学评价必须与教学指导思想保持一致，健康第一思想无疑应贯彻于体育教学评价之中。

第二，重视发展，实现评价功能的转化。建立科学的评价机制首先要确立学校体育在素质教育中的地位和作用，明确学校体育的培养目标，使评价目标与教育目标一致，并以此为依据来设计体育教育评价的指标体系，并力求评价指标科学化，评价办法具有可操作性，发挥评价体系的正确导向作用。

体育教育评价要从单一的评价视角转向多角度方法的综合质量评价，要淡化考评的选拔甄别功能，不只是检查学生知识、技能的掌握情况，更要关注学生掌握知识、技能的过程与方法，以及与之相伴的情感态度与价值观的形成，要发挥评价的激励作用，关注学生成长与进步的状况，并通过分析指导，提出改进计划来促进学生的发展。既要考评体育知识、技能的学习成果，又要关注学生的身体发展和体育能力培养，以及思想、意志、品质，还要重视学生在体育学习中的进步与努力求知程度等。

总之，评价是为学生的全面发展服务，而不是学生的发展为评价的需要服务。

第四节　现代高校体育教学方法的选择与优化

一、现代高校体育教学方法的选择

（一）根据教学目标进行选择

根据教学目标、教学任务的不同，教学方法在选择上也会存在一定差异性。目前，我国各个高校体育教师为体育教学选择教学方法的主要依据是体育教学目标。具体来说，体育教师在基于体育教学目标来选择体育教学方法时，需要注意如下事项：

第一，体育教师要基于体育教学的总目标，来选择体育教学方法，以此来确保不管是每次课的教学目标还是总体教学目标在最后都能实现。

第二，体育教师在选择教学方法时，要基于本次课的教学目标，来选择合适的教学媒体和方法。

第三，体育教师在选择教学方法时，要注意将教学目标进行细化，据此来对于教学方法加以确认，最终确保每一个小目标在最终都能实现。例如，出于组织学生对于课堂所掌握的体育技能进一步加以巩固，体育教师可对应地采用练习法、比赛法等。

（二）根据教学内容进行选择

高校体育所涵盖的教学内容十分丰富多样，为了能够保障学生很好地掌握这些教学内容，学生需要据此来选择特定的教学方法，这样才能确保整个教学得以顺利进行，学生得以深入地掌握教学内容。在高校体育教育教学系统中主要有两个构成系统——教学内容、教学方法，二者彼此之间存在十分紧密的联系。因此，教学方法在选择时一定要重视对于教学内容的考虑。操作要求，具体如下：

第一，体育教师在选择体育教学方法时，要重视教学方法的实用性，即保证其可以切实可行地在体育教学中加以运用。例如，体育教师在教授技术动作时，应该运用主观示范法来为学生讲解技术动作。

第二，体育教师在选择体育教学方法时，应注意基于教学内容的表现方式来进行选择，以此来保证学生以极大的热情尽快掌握该种教学技术。例如，图片展示这一方法具有直观性、便捷性，多媒体教学这一形式具有生动性、细致性，不同的方式具有不同的特点，学生可以根据实际内容选择适合的教学形式。

（三）根据学生特点进行选择

体育教学所面临的群体主要是学生。如果没有学生，体育教学将会失去其存在的意义。具体来说，体育教师在选择体育教学方法首先需要考虑的是，这一教学方法是否有益于促进学生体育学习，所以一定要基于学生群体的实际需求以及特点来选择具体的教学方法。这要求体育教师既要关注学生的群体特点，又要关注学生的个体特点。具体来说，体育在基于教学对象即学生的特点来选择教学方法时，应该重点关注以下方面：

第一，就学生这一群体的共同特点来说，体育教师一定注意把控这一群体的共性，据此来选择体育教学方法。例如，低年级学生定性较差，爱玩，体育教师就可以在教学过程中多采用游戏这一方法进行教学；高年级学生的专注力更加持久，也有了思考能力，所以体育教师可采用探究、发现法教学，引导学生在自主探究以及解惑的过程中，一步一步地培养参与体育运动的习惯和意识。

第二，就学生这一群体的个体特点来说，体育教师应该注意关注学生与学生之间的不同，并据此来安排教学方法。

（四）根据教师条件进行选择

在体育教学活动，教师不光是组织者、指导者，还是安排者、选择者、实施者。因此，体育教师在选择教学方法选择也同样应该对于自身的相关条件进行考虑，具体要求如下：

第一，体育教师在选择体育教学方法时，应着重研究这一教学方法是否和教师的教学风格、性格特征契合。

第二，体育教师在选择体育教学方法时，应该与本次课教学目的以及课堂控制进行结合。

总之，体育教师在为高校体育教学选择教学方法时，一定要注意基于自己的特点来选择教学方法，以便扬长避短，使教学方法更具针对性。

二、现代高校体育教学方法的优化与创新

（一）高校体育教学方法的优化

1. 改变教学理念，强化教学手段

当今社会信息技术发展迅猛，教学与网络技术的融合已经成为一个不可逆转的趋势。在教学中运用网络技术，可极大程度地保证整个教学收获到良好的结果。为了能够将网络技术的作用发挥出来，体育教师还需要及时对于教学理念进行调整。对此，高校体育教师以及相关工作人员一定要以一个开放的态度面对当下流行的新理念以及新事物，以此来为现代体育教学手段在体育教师的实际应用提供便利。体育教师要严格要求自己，提升自己的专业素质，努力在实际教学中不断发现自我、完善自我，这点同时也是现代高校体育教师素养在新形势下必须具备一个素质。同时，这也是保证信息技术在体育教学中发挥出最大作用的关键所在。

在创新高校体育教学手段这一实际过程中，体育教师要想收获到良好的成果，应该在态度上给予重视，树立其科学的创新意识。体育教学手段能够有所突破，实现创新，将会对现代高校体育教学能否实现创新，突破传统落实理念的制约，建立起与时代相适应的现代化体育教学模式起决定性作用。要想实现体育教学手段的创新，关键在于引导一线体育教师以及体育教学的相关管理部门对于创新可以形成正确的思维和意识。体育教学手段要想实现现代化，离不开体育教师想要激发学生的创造欲望、满足学生的心理需要，以及随时根据现实对于体育教师进行调整的高度工作责任感。

2. 优化体育教学的硬件设施

各高校应该对于体育学科的多媒体场馆以及实验室增加资金投入以及设施建设力度，保证体育教学已经配备足够的体育教学场地、设施、器材装备，可以很好地满足当下体育开展教学的实际需要，这同时也是创新以及发展体育教学手段，使其实现现代化的基础。

高校体育教学除了要对于硬件设施的数量以及质量加以保证之外，还应强调科学且有效地对现代化教学设备加以应用，进而确保其可以更好为体育教学实践服务。在过去，高校体育教师主要借助于示范与讲解这种形式来给学生传授理念、教授知识。尽管体育教师亲身动作的示范以及讲解是正确且规范的，但是学生却有很大可能会因为教师示范时间过短而不能深入分析以

及理解该动作的整个过程。倘若每次在教授新技术动作之前,体育教师就先组织学生利用多媒体技术先行观看以及分析该技术动作。例如,体育教师可利用多媒体技术的慢放功能,对于那些复杂动作进行慢放或者分解,以此来保证学生可以深入理解该动作的原理以及动作之间的上下承接关系。或者也可以利用多媒体技术记录学生练习技术动作的过程,以供教师对于学生掌握情况进行分析,并对于那些不足或者错误之处及时加以调整。多媒体技术可以涵盖形、声、色,这能够对学生的感官直接诉诸影响,比传统教学方法更能对其大脑皮层的神经系统产生刺激以及激发影响,可极大程度地激发学生的学习积极性。

此外,尽管部分学校也为体育教学搭建起了多媒体实验室,体育教师在向学生教授体育技术时可以对于体育教学实验室加以科学合理地利用,使体育教学手段得到优化,转而成为一种结合了体育多媒体、教学实验室和室外技术实践的术科教学模式,将会对课堂教学效果和质量的提升产生十分重要的作用,有助于学生对于复杂高难度的技术动作的快速理解以及掌握。

因此,高校体育教师在开展体育教学时,可事先组织学生对于课堂内容所涉及的技术动作进行观看,让学生对于该技术动作有所理解。体育教师还可借助实验室的器材设备,来让学生通过真实感受这一形式对于技术动作的特点进行更加深入的掌握。

体育教师还可以组织学生在实际结合运用音乐媒体的练习过程中,加深对学生练习时间以及节奏的把控,让学生可以正确掌握该技术动作,并对其所具有的时空感、节奏感有更深的理解,从而保障学习效果可以得到有效提升。

3. 开发科学体育的教学软件

在体育教学基础设施持续得到完善、优化,以及教育技术现代化得到快速发展这一背景下,高校一定要注意加大对于体育教学辅助软件的建设力度。高校在后续体育教学中应有意识地确保体育教学软件的开发可以得到进一步提升,使其得到迅速发展,可以更好地匹配于现有的硬件设施条件,从而可以将现代化教学手段的价值以及意义充分发挥出来。具体来说,体育教师在开展体育教学的实际过程中,要基于集计算机、投影仪、录像播放三者于一体的多媒体技术,将那些难度相对较高的动作技术制成电脑动画,以便学生可反复多次的、慢速的、多方位的、动静结合的观看整个技术动作的演示,如果可以再配以一定文字对于该类动作的关键部位进行解释说明,学生势必会对所学动作的技术要领以及动作结构有更加深刻以及清晰的理解以及认识,这可确保学生对于正确动作快速形成概念,可极大程度地提升教学效率。

那些功能强大、全面、实操性较强的教学软件可极大程度地激发起学生学习体育动作、体育理论的兴趣。这进一步说明教学软件的开发利用在高校体育教学中扮演着非常重要的作用。例如,在开展篮球体能训练的实际过程中,倘若只仰仗于个人进行体能训练,或者利用多媒体幻灯片这一技术来向学校学生讲解进行大量的理论文字,这对学生而言无疑是枯燥的也是乏味的。反之,倘若体育教师在制作体能电子教案时采用动画或者视频等动态形式来对体能训练进行讲解,这种形式更加具有观赏性,可供学生反复进行观看,最后再辅之文字理论或讲解,这可以直接对学生的感官神经产生一定刺激,使学生在学习体育理论以及技术时带有强烈的好奇心与兴趣。具体来说,大力开发体育教学软件,除了有益于进一步优化体育教学内容、教学模式之外,还能进一步拓展以及丰富学生对所学内容的领悟路径。

此外,出于进一步丰富以及拓展资源的目的,高校还应该搭建相关的网上教学资源库,以便学生可以借助校园网在教学资源库中获取自己所需以及自己感兴趣的知识在线自行主动学习,这有利于为学生营造一个更好适应高度互动、个性化的智能教学环境。在校园网、体育教学信息库得以建立并实现进一步改善,以及高科技产品与体育教学之间的结合更加紧密的背景下,不管是研制现代化体育教学软件还是创新与开发现代化体育教学软件,和过去相比都更为容易了。由此可见,加快、加大开发体育教学软件的力度,对创新以及发展体育教学手段的现代化都具有极其重要的意义。

(二)高校体育教学方法的创新

1. 教学方法的阶段创新

(1)准备活动的方法创新。准备环节是高校体育教学的重要环节之一。好的准备活动可确保学生不管是身体机能还是心理机能都可以快速进入准备状态,极大程度地降低了运动损伤的发生概率,使整个运动过程得以顺利进行。因此,体育教师在创新体育教学方法的具体过程中,应该以准备活动作为着手点,使准备方法根据创新性,让学生得以放松身心,为后续教学的顺利进行提供保障。具体来说,准备活动通常可分成两种形式——专项准备和一般性准备。体育在专项准备活动中,体育教师可基于教学内容适当引入一些与之相关的内容。例如,体育教师可在开展投掷类运动之前,开展一个传球游戏,既可以让学生放松身心,激发起学生学习的热情;又可以让学生做好热身,可极大程度地避免运动损伤的发生,进而得以为后续教学的顺利进行做好铺垫。在一般性准备活动中,可通过游戏的形式激发起学生的参与热情,保证学生大脑的兴奋性得以提升。

(2) 课堂教学的方法创新。体育教师将创新理念融入进行高校体育的实际教学中,一方面可使整个课堂氛围更加生动活泼,使原本十分枯燥且单一的训练充满乐趣;另一方面又可将学生的学习热情尽可能地极大出来,使学生不仅可以深入理解相关理论,还能尽快掌握相关的运动技能,进而最终促使整个教学可以取得十分理想性的效果。

(3) 结尾阶段的方法创新。对于结尾阶段方法的创新同样不应忽视。体育教师如果在实际开展高校体育教学的过程中可以很好地对结尾阶段的方法进行创新,为整个教学留下一个美好的结尾,会让学生产生一种乐不思蜀的感觉,这无疑不管是对于学生运动习惯的养成还是运动意识的形成都具有十分重要的作用。在体育教学中,结尾阶段在整体教学过程中所扮演的角色不容忽视,除了可使学生原本处于不平静状态的身心机能得以迅速恢复,还能为学生后续的深入学习做好准备。对此,体育教师在进行创新时,一定要以学生此时所具有的特点以及需求作为指导,大胆对方法进行创新,以此来保证教学在结尾处可以得到升华。具体来说,体育教师可以安排一些旋律、节奏都较为舒缓的音乐,再配合一些相对较为舒缓的动作,引导学生的机能状态可以逐渐趋于平静。除此之外,体育教师还可以尽可能对结尾时的教学形式进行丰富,可引入瑜伽、太极以及健美操等运动项目的动作,以此来尽可能对于结尾处的内容进行,保证学生的学习兴趣得以激发,确保创新可以实现。

(4) 游戏形式的方法创新。游戏法是高校体育教师创新体育教学方法的重要形式之一,这种方法相对其他类型的教学方法,更具娱乐性,可保证学生的热情得到提升,是当下较为理想的教学方法之一。因此,体育教师也应在创新教育理念的指引下对于游戏方式适当进行革新,以此来引导学生在游戏中逐渐健全自身的人格、提升自己的智力、发现自己的潜能,进而将体育学科所具有的价值极大程度地发挥出来。

2. 教学方法的组合创新

组合创新是指体育教师基于合作学习法来进一步对于教学方法进行完善以及创新,教学方法的组合创新这一措施实质上是一种对于原有教学方法的创新以及完善。体育教学方法要想能为保障教学活动的顺利就行就要基于实际情况对其不断进行创新，以此来确保新的体育教学方法不断涌现，体育教学最终得以收到良好的效果。

第三章　互联网背景下现代高校体育教学方法的创新

第一节　现代高校体育微课教学创新

一、微课的特征

微课是一种全新的教学理念，它的中文全称是微型视频网络课程。大约在20世纪末，微课开始在世界各国的范围内流传并被高校应用。微课的发展十分迅速，深受学生的喜爱。在微课教学中，人们运用最多的教学方式主要有两种：第一种就是在线学习，第二种就是移动学习，而且微课教学一般都能够突出教学的重点以及教学的难点，它的教学时间都比较简短，控制在10分钟以内，从而能够使学生高度集中学习的注意力，使学生都乐于学习，乐于接受这种学习的形式。

从广义的视角进行分析，微课是一种解说或者是一种演示，这种演说或者演示是围绕某个主题的知识点展开，同时微课视频通常都比较简短，因而人们可以突破时空的限制利用微课开展碎片化的学习，学生的主要学习形式就是在线学习；从狭义的视角进行分析，微课设计的主要目的就是为了满足学生的实际学习需求，微课是以微课视频为主要载体的信息化教学活动。每个学生都是独立的个体，学生个体之间存在个体差异，因而微课能够使学生根据自身情况开展学习，能够实现学习的个性化。

微课和微视频是两个不同的概念，二者之间有一定的差异。具体分析而言，微课包含很多部分，如微视频、微课件、微练习等，因而可以说，微视频是微课的一部分，并不是微课的全部。

微课和传统的教学方式相比，具有很多显著的特征，其显著的特征主要包括如下五个方面：

(一)主题明确

教师在教学实践中应用微课的主要目的就是为了解决很多传统教学模式在课堂中无法解决的教学难题,例如,教学的知识点复杂且缺乏一定的逻辑性、教学的重点和难点不突出等问题。

一般情况下,教师在制作微课视频时,他们都已经有了明确的主题,一般教师制作的微课都是围绕着教学中的重点知识或者难点知识展开的,这样微课教学就能够有鲜明的主题,也能够易于学生的理解,帮助学生理清学习的思路,使学生轻松地掌握教学中的知识点。

(二)弹性便捷

在我国传统的教学模式中,课堂教学时间一般都是固定的,即每节课一般规定为45分钟。在微课教学中,微课视频的时间一般都比较短,只有5到10分钟的时间,因而年龄比较小的学生在学习微课视频时比较容易集中注意力,不容易分心,而且这些短小的视频也很容易吸引学生的注意力,激发学生的学习兴趣。

此外,微课的资源易于下载和储存,学生只需要携带移动设备就可以随时随地开展学习活动,非常便捷,具有极大的灵活性。

(三)共享交流

在互联网时代,网络为人们的生活提供了很多便利,它的显著优点就是可以实现资源的共享。由于微课教学依托于先进的网络技术,因而微课还有一个显著的特点,那就是微课可以实现资源的共享。

微课还可以为教师和学生提供一个网络信息交流的平台,当教学结束之后,教师就可以把相关的教学视频资料上传到网络上,从而供其他教师以及学生学习和借鉴。这也有利于教师之间进行切磋和学习,促进教师专业的发展。

(四)多元真实

微课的多元的特点主要是指微课的资源形式非常丰富,它不仅包括视频形式的微课资源,还包括微教案、微课件等教学资源,教学资源的形式是非常多样化的。和我国传统的课堂教学模式相比较,微课这种多样化的教学资源可以提升学生的学习兴趣,使教师的教学更加精彩。在日常的教学实践中,无论是教师还是学生,他们在利用微课资源时都能够从中学习很多东西。

对于学生而言,学生在利用微课学习时,他们可以利用相应的微练习来对已经学习过的知识进行练习和巩固,他们可以利用相应的微反馈来检查自己的学习效果,并查看错误题目的答案,巩固自己的知识。这整个过程可以大幅度提升每个学生的思维能力,使学生对自己的学习能力更加清晰地认识。

对于教师而言,教师在制作微课的过程中也可以学习很多微课制作技巧,可以升华自身的教学技巧等,这个锻炼的过程也有利于教师的专业发展。微课的真实性特点主要是指微课在设计时都会选择真实的场景,从而使教师把微课和传统课堂教学结合起来。具体分析而言,教师在选择微课的场景时通常都会选择和所学专业相关的场景,如教师通常会选择高校的体育馆等场所来录制体育教学中相关的微课视频,又如教师通常会选择专业的化学实验室等场所来录制与化学教学相关的微课视频,这样能够体现出微课的真实性。

(五)实践生动

由于微课开发的主体是广大一线教师,加之微课开发的本身就是以高校的教学资源、教师的教学与学生的学习为基础的,越来越多的高校通过微课这种新的学习方式进行探索研究,挖掘本校的微课建设,这本身就具有很强的实践性。在实践的过程中,需要注意微课的表达方式,生动活泼不仅体现在精美的画面、动听的音乐以及明确的主题上,还体现在精心设计的流程及其相应的互动方式上。

二、现代高校体育教学中微课的价值

(一)促进高校教育教学模式改革

对高校教育来说,微课是一项十分宝贵的教学资源,同时它也为高校的教育教学改革奠定了重要的基础。"体育微课主题突出、目标明确、短小精悍、以视频为表现形式的质性特点能满足学生体育学习的个性化需求。"[①]微课的价值和意义是深远的,它不仅会对学生产生很大的影响,它还会对教师产生很大的影响,同时微课还有利于教师的专业发展。在我国一直实施的教学改革中,微课也是重要的组成部分。

目前,随着信息技术的快速发展,已经有各级各类的高校开始尝试在线

---

① 邱伯聪. 体育微课的质性、制作与建议 [J]. 教学与管理,2015(34):57-59.

教育，尤其在特殊的情况下，在线教育成了高校教育重要的补充方式。在人们的日常生活中，有很多场合运用了在线教育，如寒假或者暑假时间，学生利用在线教育完成教师安排和布置的教学任务。在具体的在线教育实践中，微课就成为重要的学习资源，微课的优点很多，它的内容重点突出，它的时间一般比较短，能够快速吸引学生的注意力等。微课的这些优点就使微课成为在线教育重要的学习资源。对于教师而言，教师如果直接从网络中下载教学视频资源，往往需要花费大量的时间和精力来处理，而教师如果利用微课开展教学则可以省去处理的时间，因为微课的知识点清晰，易于教师使用。

（二）影响教师的专业发展

通常情况下，教师在教学实践中主要是向其他的教师同行学习和取经，从他们身上学习宝贵的教学经验。然而在一个高校里面，教师的数量毕竟是有限的，教师在实践中可以学习和参考的教师是有限的。在体育教学中，开展微课教学则可以使教师扩大自己的交际圈，体育教师可以学习很多其他优秀体育教师的教学经验，反思自己的教学过程、方法等，从而改进自身的教学。微课资源的制作者就是辛勤的教师，这些微课包含教师的教学思路和智慧，因而在教师实践社区中，不同的教师在交流和探讨微课资源时也是在学习和借鉴其他教师的智慧。这种交流和沟通有利于体育教师的专业发展。

（三）改变校外教育的形式

随着越来越多的人熟悉和应用微课，目前我国有不少的在线教育企业尝试着把微课应用到在线教育实践中，从而体现出微课的商业价值。在在线教育中，微课的应用非常广泛，并取得了显著的教学效果。

随着信息技术的快速发展，我国涌现出了很多开展在线教育的企业，其中有一些企业最初是开展线下课外教育，后来进一步开展线上教育的企业，还有一些企业直接就是开展面对学生的在线教育。虽然这些在线教育企业的发展步伐并不一致，但是它们都在教学实践中融入了微课，这种线上教育模式具有很大的优势，能够为学生营造良好的学习氛围，并节约学生的时间，提升学生的学习效率。

三、现代高校体育教学中微课教学的创新要点

（一）精心解读文本，科学整合内容

高校体育教学涉及的内容非常多，包括体育理论、心理健康、球类运动、田径运动等，因此教学的任务比较繁重，课程的时间安排上也非常紧凑。虽然体育教学内容多，但是并非所有的内容都适合采用微课的形式来进行教学。所以，教师必须对教材进行深入的研究，对其中的内容进行优化与整合，使各项内容有机地联系在一起。

例如足球基本技术的教学，教师可将此内容整合为四个具体的项目，即基本特点、基本技术、基本战术和基本规则。这四个项目又各自可以划分为三个更具体的层次，即基础内容、提高内容以及拓展内容。基础内容包括运球（脚内侧、正脚背、外脚背）；运球过人；踢球（脚内侧、正脚背）；脚内侧接球；掷界外球；守门员接球。提高内容包括无球技术；大腿接球和胸部接球；头顶球；抢球技术的综合运用；守门员发球。拓展内容包括组织以阳光健身、快乐足球为主题的班级五人制足球对抗赛。

由此可见，经过整合的内容非常清晰明朗，为微课的制作奠定了良好的基础。此外，学生也可以从整合的内容中选择真正适合自己的内容进行学习，从而有效地满足了学生的多元化学习需求。

（二）准确把握要点，确保微课质量

第一，凸显课程属性。由于微课是一种比较新颖的教学形式，因此很多体育教师对其了解得并不全面，认为利用微课开展体育教学，只要照搬一些其他课程的微课模式就可以了，殊不知，这样的体育微课很难体现出体育这门课程的特色，也会对体育教学的质量造成不良的影响。所以，体育教师在制作体育微课的时候，需要以健康第一理念作为根本的指导思想，在微课中凸显体育这门学科的特色，使知识、技能的传授同学生的身体锻炼和人格培养紧密结合在一起，不断提升学生的学习、生活质量。

第二，简短有趣。体育微课的设计也应当将时间控制在合理的范围内，为学生设置简短有趣的学习内容，营造宽松的学习氛围，使学生能够全身心地投入体育学习，培养良好的学习习惯。

第三，创新性。学生是一个思想比较活跃的群体，好奇心强，喜欢接触新事物，因此微课的制作应当迎合学生的这些特点，体现出创新性。具体来

说，应当注意两个方面：①微课的内容要具有时代性，贴近学生的生活实际，并且根据具体的情况随时进行更新；②微课的画面以及内容的呈现形式要追求新颖，吸引学生的注意力，如将动作分解融入有趣的小故事中，强化学生的理解与记忆。

第四，系统性。体育课程设计的内容非常多，因此体育微课的制作很容易陷入碎片化的困境，这样就很难对学生的知识学习起到良好的辅助作用。所以，教师在制作体育微课的时候，要对教材的主线给予特别的关注，强调知识点组合的系统性。

第五，实用性。体育教学除了理论知识的教学之外，还包括技能的教学，而且技能教学占据主要的地位。因此体育微课的设计应当尽量做到通俗易懂、实用易学，还要紧紧围绕体育技能的核心要素，将学习的重点加以突出，并且便于学生的自我检测。

第二节 现代高校体育慕课教学创新

慕课是计算机网络技术迅速发展的产物，它具有大规模性、在线性、开放性、高效性等特点。正是因为如此，慕课在教育教学领域得到广泛应用。近年来，体育慕课教学是高校体育教学信息化改革的重点，也是体育教学信息化改革的重要方向。体育慕课教学模式克服了传统教学模式单一的弊端，确立了学生的主体性地位。"慕课作为在线教育的延伸和拓展，蕴涵多种教育理念。"①

一、现代高校体育慕课教学模式的优势

（一）促进体育教育的公平

在体育慕课教学模式中，世界范围内的学生都可以根据自己的学习情况自主选择学习时间和地点。慕课在高体育教学中的应用，突破了地域经济差异，丰富了教学资源、扩大了学生的数量，从而使不同地域、不同职业、不同年

---

① 金成平．体育慕课现象的现实反思与未来展望[J]．成都体育学院学报，2016，42（4）：122-126．

龄、不同学历的学生都可以自主学习。可以说，慕课这种开放性的学习模式，为想要学习的学生提供了学习的平台，避免了想学而无法学习的现象，有利于扩大学生的数量，也有利于提高体育教育的覆盖率。

同时，学生也可以根据自己的兴趣、特长等进行体育精品课程的学习。在学习体育课程过程中，学生如果遇到了问题，可以借助慕课平台与教师、同伴进行交流和互动，从而主动地构建知识，改变了被动接受知识的局面。在慕课体育教学模式的影响下，教师不再是主导者，学生成为学习的主体，教师和学生形成了一种平等、和谐的师生关系。

另外，慕课体育教学模式为学生提供了公平的学习机会和受教育机会，有利于促进体育教育的公平性。

（二）推动终身体育学习理念的养成

慕课在体育教学中发挥着至关重要的作用，也是现代体育教学发展的重要方向。随着慕课的发展以及体育教学改革的不断推进，慕课对体育教学的影响也就越来越大，慕课也将会不断应用于体育技能教学、体育技能训练、体育培训、体育实践等多个方面。

同时，慕课融多种学科于一体，学生可以根据自己的学习情况和学习需要，自主学习、自主监督、自主调控，并不断与教师和其他有相同兴趣、特长的学生进行交流和互动，从而不断学习、不断提高，进而促进终身体育学习的发展。

（三）使体育学习过程更加个性化

体育慕课教学模式蕴含着丰富的开放式教育资源，有利于学生随时随地进行学习，有利于优化学生获取知识的途径。慕课课程资源具有优质性的特点，这些优质的课程资源有利于吸引更多的学生来平台注册学习。

同时，体育慕课教学模式注重学生创新能力的培养，重视学生的个性化发展。不同的体育教师具有不同的学历、知识结构、教学经验，即使面对同一个教学内容，不同的体育教师对其有着不同的理解和表达。这样有利于避免教学内容和教学过程的同一化，有利于促进学生的个性化发展，还有利于学生根据自己的实际学习情况科学地选择体育课程内容。

另外，除了学校教材要求学生学习和掌握的内容外，学生还可以充分利用慕课平台，根据自己的特长和兴趣，结合自己的时间，自主选择一些适合自己个性化发展的学习内容，这样有利于学生在拓展学习中体验运动的乐趣，有利于全面促进学生的个性化发展。

(四)使体育教学课程更加鲜活

无论是高校体育教学理论知识,还是其他形式的教学理论知识,都是枯燥、艰涩难懂的,难以激发学生的学习兴趣,而体育慕课教学模式充分利用信息技术、云计算技术、大数据技术等先进的网络技术,将枯燥、艰涩的体育理论知识以信息化的形式呈现出来。这种信息化的形式避免了理论知识的艰涩难懂,从而使体育教学更加鲜活。体育慕课教学视频可以在一个10分钟左右的课程中集中讲解某一体育技术问题或者体育理论知识,还可以在教学中设置一些师生互动活动,这种互动性的活动有利于激发学生学习体育的兴趣。

学生通过慕课学习不仅可以将碰到的问题或困难在互动交流平台上向教师提出,教师则可以及时给予相应的解答。同时,学生还可以随时了解和调整学习进度,这种新型学习方式有助于使得原本相对枯燥乏味的体育理论知识变得更加生动有趣,从而极大地提升学生的学习欲望和主动性。

二、现代高校体育慕课教学模式的应用策略

(一)转变观念

1. 单一办学主体向国际化联盟式办学主体转变

随着慕课在高校教育教学中的应用,高校办学模式也逐渐向多个高校联盟办学的模式转变。慕课平台的出现并不是单一高校独自开发的结果,而是多个高校多个优秀教育专家联合共同开发和建设的结果。可见,传统的单一办学模式并不能适应当今信息化时代的发展,如果高校不及时转变办学观念,就会被时代所淘汰,也不利于国际化人才的培养。因此,高校应该意识到慕课平台建设需要国际化视野,并在具体实践中,充分吸收世界各国的优秀办学经验,改变单一的办学模式,将办学视野扩大到国际范围,从而实现国际化联盟式办学模式。

2. 个体学习模式向团队学习与个性学习相结合模式转变

在传统体育教学中,学生的学习模式是被动的、单一化的,不利于学生团队学习,也不利于学生个性化发展。要想改变传统的个体化学习模式,高校应该将慕课应用于教学中,充分发挥慕课教学的优势,创新教学方法和策略,开发丰富的学习资源,提倡学生间、师生间、群体间、国家间的大规模集成

化学习。同时，高校还应该采取多种手段和策略来鼓励和引导学生发展个性，从而真正实现学习模式的团队学习和个体化学习。

（二）加大宣传力度，促进资源共享

加大慕课宣传的方法主要有利用网络平台、学校平台、教师等。此外，慕课平台还应该借助自我营销的方式，吸引更多的人注册慕课进行学习。

在加大慕课宣传力度的同时，还应该注重慕课中优质资源的共享，从而使世界上更多的人能够根据自己的特长、兴趣，科学选择适合自己的课程，以满足自己的学习需求。

总之，加大宣传力度有利于更多的人了解慕课、使用慕课，有利于促进优质资源共享，促进教育的国际化发展，实现教育的公平性。

（三）注重制作慕课特色课程

在体育慕课教学中，高校要注重顶尖团队的培养，从多个层面打造体育核心课程，并充分利用慕课平台实现体育资源的全球共享，从而吸引世界上更多的学生进行体育特色课程和优质课程的学习。

此外，高校还要注重体育非核心课程建设。这是当今时代一专多能人才培养的要求。因此，我国高校应该充分利用慕课这一信息化平台，将世界上优质的体育课程资源融到本校慕课平台中，这样有利于拓展学生学习的范围，有利于激发学生学习的兴趣，提高学生的自主学习能力，从而为一专多能人才的培养奠定基础。

（四）丰富体育慕课课程资源

第一，慕课的质量对教学效果有很大的影响。虽然我国对慕课的质量没有制定严格的标准，但是慕课的质量对教育质量有直接的影响，这就要求各个高校必须制作出非常优质的慕课视频，从而提升体育教学的质量。因此，政府、高校、企业等需要制定出一套慕课的质量标准，从而提升慕课质量。教师是慕课资源开发与利用中的重要参与者，其能将慕课教学的作用发挥到极致。高校在进行慕课资源开发时不仅要积极引入高质量资源，更要重视教师在资源开发中的作用，鼓励教师与时俱进，把慕课教学模式引入体育课堂，以提高教学效率。在具体的课堂实施中，教师可以将慕课与体育较小灵活地结合起来，这样慕课就以一个新的、学生更能接受的形式参与体育课堂中来，同时还有利于调动学生学习的积极性。慕课内容的载体形式是视频，这就要

求体育教师在具备扎实的专业知识之外,还需要具备一定的信息技术能力,能够制作短视频。慕课视频要建立一套完整的制作、审核、评价机制,从而制作出一套质量优质的视频。

第二,高校实施慕课教学也是为了满足个性化教学的需求。教师在制作慕课视频时,要充分考虑学生的需求,打造出可以满足不同学生需求的多层次慕课课程。一些具有较高的认知能力的学生适合使用一些难度较高的慕课视频,而对于认知能力不那么强的学生来说,需要使用一些难度较低的慕课视频。当然,为了建设更高水平的慕课课程,高校可以引进国外的优质慕课资源,结合高校的教学实际情况,形成自己特色的慕课教学资源。

(五)开发高校体育精品课程

第一,学校、教师、学生等要多方宣传与推广运用体育类国家精品开放课程。由于我国的体育类方面的精品课程较少,学习的人数也较少,因此体育类精品视频课程播放量较少。为了使更多教师和学生获得精品课程的好处,学校、教师和学生应该尽可能地通过多种手段宣传精品课程,从而发挥精品课程的最大价值。

第二,完善体育类国家精品资源共享课中体育专业课程的建设。体育类国家精品课程仍然存在一些不足,只有少数的体育课程建设精品课程,而一些体育与其他学科结合的课程还没有建设完善。各个高校还要对慕课与传统体育结合的课程加强建设,申报一些精品课程建设项目,从而不断完善体育专业课中的精品课程资源。

第三,改善体育类国家精品开放课的视频内容,加强课程视频的后期制作。体育类国家精品课程是十分优质的课程,但也存在一些有待完善的地方,例如,将视频内容的知识点进行展示,并且加入不同动作的示范画面。在视频的后期制作上,还有一些有待完善的地方。另外,在视频上还可以将重点内容进行着重提示,使学生在遇到重点时可以集中注意力学习。

第四,开发体育类国家精品开放课程平台的多元化功能。体育类国家精品课程的平台还有一些调整的地方,在平台上可以增加一些答疑解惑的版面以及师生交流的模块。这样可以使学生在遇到不懂的问题时及时向教师咨询,并且学生之间也可以就视频观看的内容互相进行探讨。另外,精品课程平台的开发者还需要设置一个建议模块,让使用这个平台的人有好的建议提交上去,从而使平台不断完善。

第三节 现代高校体育混合式教学创新

长期以来,学生在传统教学模式的框架下学习体育知识与技能,不可否认取得了一定的成果,但也存在问题。在这种背景下,基于信息技术的混合式教学模式得以提出,体育教师可以借助各种各样的教学方法实施不同项目的体育教学,教师的教学积极性得到提高,学生参与体育学习的热情也随之上涨,体育教学的效果得到了很大改善。

混合式教学是在信息技术飞速发展的时代背景下产生的,它的践行离不开网络化的教学环境,这是实现人机互动的基础。混合式教学实施的目的依然是更好地达成教学目标,只不过在教学过程中强调教与学所有要素的优化组合,这样才能取得最佳效果。各种各样的教学理念、方法、原则都可以在混合式教学中得到应用,学生可以自主地选择适合自己的学习方式,达成学习目标。混合式教学强调教学技术的应用,教学是一个信息与知识传递的过程,传递的效果如何,与教师采取的教学技术密切相关,恰当的技术能够极大地优化教学效果,反之则对教学起到负面影响,学生的学习质量也无法得到提高。所以,教学必须依托恰当的技术。

线上学习与线下学习结合仅仅是混合式教学的表现形式,其内在本质应当渗透在多个维度,如在线学习环境与课堂学习环境的融合、在线教学活动与课堂教学活动的融合、在线教学资源与课堂教学资源的融合等。

综上所述,在线学习与传统课堂学习的整合是混合式教学的主要特点,各种教学理论、方法、资源、媒介等的融合是混合式教学的核心内容,在此基础上,学生充分发挥主体作用,教师则扮演辅助角色,在良好的环境中开展自主学习、协作学习、个性化学习,以实现教学的最终目的。

一、混合式教学的认知

第一,混合式教学是相互关联的动态系统。教学过程中的各要素本身就息息相关,在混合式教学中更是如此,甚至各要素的关系更为密切,它们相互关联、互为影响,共同构成了教学的耦合系统。教师与学生作为教学活动的双方,二者都存在自我组织教与学的意识,只不过在能力上表现得有强有弱。有序化的教学过程离不开师生双方的共同努力,师生有着共同的目标,也站在各自的立场接受着相同的信息，由此，学习过程中产生的问题与障碍便具有了一致性，有序化便得以实现。

第二，混合式教学重在激发学习兴趣。兴趣是最好的教师，也是学生学习最大的动力，混合式教学就非常注重对学生学习兴趣的激发。不论是在教学课件的制作中，还是教学活动的安排中，或者课后作业的布置中，混合式教学都强调融入趣味性元素，将学生的学习兴趣挖掘与调动出来，这样学生才能主动学习。

第三，混合式教学是线上与线下教学的融合。单纯强调在线教学、网络教学的教学方式不能被称为混合式教学，因为混合式教学是在线教学的延伸与传统课堂教学的扩展，更是二者的有机结合体。在线教学与传统课堂教学都存在不可忽视的缺点，前者容易导致师生互动交流的缺失，学生在遇到问题时无法及时向教师反馈并寻求帮助，教师也无法立刻知晓自己的教学效果；后者则以教师讲授为主，弱化了学生学习的主体地位，阻碍了学生自主学习、合作学习、探究学习的步伐。

在线学习十分考验学生的自控能力与信息处理能力，如果学生沉迷于在线环境，在应当学习的时间玩游戏或者开展其他活动，则会使学习效果大打折扣；倘若学生不具备相应的信息处理能力，也无法完全按照教师的步骤开展学习。至于传统课堂教学，其教学资源过于单一，学生的学习需求得不到满足，掌握的知识也不够全面。可以看出，在线教学与传统课堂教学均存在不足，哪一种教学方式单独使用都无法实现最佳的教学效果，只有将二者结合起来，相互弥补缺点、发挥优点，才是最好的。

混合式教学之所以在教学实践中取得成功，就是因为其将在线教学与传统课堂教学相结合，充分发挥这两种教学方式的优势，这为教师提供了新的教学途径。概而观之，混合式教学模式对学生更为关注，其在肯定教师作用的同时，鼓励学生自主探究学习，让学生主动完成意义的建构，形成更为健全的知识体系。

二、混合式教学的主要特点

（一）个性化学习

教学内容虽然具有一定的固定性，但是学生在掌握这些内容时的侧重点却存在差异，这是因为每个学生的学习需求是不同的，他们会采取不同的学习方式、学习方法朝着不同的方向前进。混合式教学以学生为中心，根据学生的需求为他们制订个性化的学习方案。在差异化的教学辅导下，学生收获的学习成果要比传统课堂教学丰硕得多。当学生某个阶段的学习目标达成之后，也将更有动力开展下一个阶段的学习。

为学生制订个性化的学习方案并不意味着教师要事无巨细地照顾每个学生，教师只需要根据学生在网络教学平台上提交的个人学习的薄弱环节，就可以为他们制订出有效的学习方案。对于学生已经掌握得很好的知识点，可以一带即过；对于学生感到疑问与困惑的知识点，则应进行深度讲解。如此一来，学生虽然没有得到教师一对一的辅导，但是却收获了相同的学习体验，获得了相同的学习效果。

（二）监督化学习

混合式教学主张对学生的学习进行监督，目的是更好地掌握学生的学习情况，从而为其提供有针对性的教学辅助。所谓新型的监督化学习，主要是依托学生在线学习反馈的数据，对这些数据加以分析，学生的学习情况就完整地呈现在教师面前。

教师也可以通过多种方式主动了解学生的学习情况，如批改学生的作业、查看学生的学习反馈、统计学生在线平台的相关讨论等。教师之所以要及时关注学生的学习进展，是因为假如学生尚未掌握现阶段的知识，就进入下一个阶段知识的学习，必然会导致两个阶段学习效果均不佳的后果，所以，教师必须确保学生已经掌握了现阶段的知识，才能依照计划开展接下来的教学。

除了以上获取学生学习情况的方式之外，学习跟踪系统与学生自我评价系统对于教师来说也是可行的选择。教师可以通过学习跟踪系统对学生的学习情况进行统计，如根据学生对教学材料访问的次数推断学生对这部分教学内容的掌握程度，根据查看教学材料的具体用户了解不同学生的学习进度等。

自我评价系统不仅是针对学生开发的，让学生对自己的学习情况进行评价，而后上传至系统平台，更对教师掌握学生的学习情况大有裨益，教师可以依据学生对自我学习成果的总结与反思，知晓学生学习目标的达成情况，从而对自己的教学行为加以调整。从这个角度来说，自我评价系统既让学生对自己的学习表现进行了客观评价，也反映出了教师的教学成效，实现了对教师的监督。

（三）多方向混合式学习

1. 教学理论的混合

教学活动的复杂性，教育界并不存在所谓的通用教学理论，即一种在任何情况下都能促进教学实践发展的理论，因此教师应当根据教学的实际情况采用多种不同的教学理论。目前，公认的对教学效果具有积极作用的教学理论包括行为主义教学理论、认知主义教学理论、建构主义教学理论等。在知识的传播与转换方面，行为主义与认知主义教学理论的优势最为明显，其能够极大地促进学生对知识的学习、内化与吸收；在均衡教师的教与学生的学方面，建构主义教学理论则表现得更好，其能够指导教师建构起有利于学习发生的教学环境，从而推动整体教学目标的实现。

不同的教学理论具有不同的特点，它们所表现出的对教学的促进作用也各不相同，这就要求教师在分析教学内容、教学目标、学生学习情况等的基础上，灵活应用各种教学理论，这也是混合式教学所倡导的教学理论的混合，唯有如此，才能最大化地发挥各教学理论的作用。

2. 教学方式的混合

对于混合式教学而言，线上与线下即在线网络教学与传统课堂教学的结合是最表层的含义，这也意味着，只要是混合式教学，就都符合线上与线下混合这一特点。在以往的教学实践中，以互联网、多媒体等为媒介的线上教学与传统的课堂教学存在一道鸿沟，大多数教师仅仅以课堂讲授作为教学的重心，混合式教学则打破了线上与线下教学的界限，使两种看似迥然不同的教学方式融为一体。

其实，不论线上教学还是线下教学，其目标都是高效完成教学内容，让教学成为有效、有意义的事。混合式教学在教学实践中的应用绝不能流于形式，要真正地把教学各要素有机联系起来，如师生、家长、教学资源等，引导学生同时开展线上学习与线下学习，充分发挥互联网、多媒体等对传统课堂教学的促进作用，让学生在良好的氛围中习得知识、掌握技能。

3. 教学资源的混合

第一，教学资源内容的混合。随着社会的发展，单一的技能型人才已经无法满足用人单位的需求，因而，综合性人才培养成为高校的重要任务。学生在学习的过程中，不能仅仅接受某一门学科知识，而是要广泛吸收多学科的内容，在混合式教学资源内容的推动下，形成系统条理且发散的知识体系，从而形成更强的社会竞争力。

第二，教学资源呈现方式的混合。教学资源是学生知识与技能学习的主要来源，在传统的课堂教学中，教学资源通常借助书本这一载体以文字的形式呈现出来。基于混合式教学，越来越多依托互联网与多媒体的资源呈现方式衍生出来，学生完全可以在学习课本的基础上，借助新型的资源呈现方式加深对知识的理解。知识本身就是无处不在的，课本中、黑板上、网络里都能学习到知识，只有将传统的与新型的教学资源呈现方式混合起来，同时发挥二者的作用，才有利于学生对多种教学资源的综合利用。

第三，教学资源整体的优化与整合。在线学习资源与传统的课本中的学习资源融合，学生获得了庞大的学习资源库，其多种多样的学习需求基本都能得到满足。但与此同时，庞大的学习资源库中也产生了许多低质的内容，如同一知识点的重复讲解、同类知识点的分散讲解等，这样的资源并不利于学生的高效学习，也造成了不小的资源浪费。所以，教学资源必须在混合的基础上实现优化与整合。

三、基于微信的高校体育混合式教学模式

（一）基于微信混合式教学模式的特点

1. 线下教学为主，线上教学为辅

在当前的高校体育教学中，学生在课上聆听教师对体育知识与技能的讲解，而在课下大多只能依靠脑海中的记忆或者身体感受进行巩固复习，能够用来参考的复习资料很少，这约束了学生对体育技能的全方位把握。在基于微信的体育混合式教学中，学生可以借助在线教学平台查阅自己所需的学习材料，对于已经掌握的知识大致浏览，而那些难度较大的知识则进行多次阅读并加以演练，这不但提升了学生课下巩固的效果，还使得其个性化学习需求得到满足。但体育毕竟是一门以实践课程为主的学科，学生切切实实地开展身体运动才是根本，线上教学只能作为线下教学的辅助手段存在，而绝不能将其替代。

2. 线上线下教学内容应高度相关

线上与线下作为两种不同的教学手段，它们目的是一致的，即促进体育

教学的有效开展，在应用两种教学手段的过程中，线下教学始终处于主导地位。因此，无论线上教学的资源内容如何丰富、资源呈现形式如何精彩，在教学内容上，都应当与线下教学保持高度相关。体育教师可以在线上教学平台发布课前预习内容，也可以将课堂讲授中没有阐释清楚的知识点制作成教学视频上传至线上教学平台，帮助学生课后巩固与复习。

3. 线上线下教学优势互补

线上教学与线下教学各有利弊，基于微信的体育混合式教学要做的就是将二者的优势充分发挥出来，缺点则尽可能规避。线上教学突破了学习的时空局限性，学生在图书馆、自习室、宿舍乃至家中都可以开展体育学习，并且能够接收到大量的学习信息，但由于学习环境的改变，学生的学习过程无法得到有效监督，集体学习的氛围也无法感受到，这也会在一定程度上影响学习成效。所以，基于微信的体育混合式教学要把线上线下教学的优势结合起来，从而切实提高体育教学的质量。

（二）基于微信混合式教学模式的要点

1. 线上教学平台设计应简单易用

借助微信开展体育教学要注意教学平台设计的简单化与易用性。微信作为大学生必备的即时通信工具，本身就具有普及率高、易于操作等特点，体育教师只需将微信原有的功能稍加研究，就能开发出线上教学平台。例如，体育教师可以申请一个微信公众号，将教学材料放置于此让学生浏览与阅读；还可以建立微信班级群，在群内发布与体育教学有关的通知，或者与学生就体育学习的问题展开讨论等。

2. 线上教学内容应仔细甄选

线上教学内容作为线下教学的补充，体育教师应当仔细甄选。在线下体育教学中，大多数学生都存在教学内容过于单一且十分枯燥的问题，尤其是体育理论课的教学，为此，体育教师可以将一些体育竞赛、全民健身政策或者正能量的体育故事融入线上教学中，让学生在兴趣的推动下进行课前预习，并以极高的积极性投入课中学习与课后复习之中。

3. 线上教学应有组织性与纪律性

大学生对手机的依赖程度不断提高，在基于微信的体育混合式教学中，为了防止学生沉迷于网络，教师要引导学生形成自律的意识，并在此基础上，确立明确的课堂纪律,让学生在有组织、有纪律的环境中开展线上学习。

4. 线上教学交互通道畅通无阻

在传统体育教学中,师生之间的交互通道较为单一,在线上教学的辅助下,师生之间的交互打破了时空限制,一名教师面对多名学生、一名教师面对一名学生、多名教师面对多名学生的情况均成为可能,这样的教学环境拉近了师生间的距离,改善了师生间的关系。在实际教学中,体育教师要努力维护各种交互通道,如学生线上留言、学生参与线上教学平台建设等,从而优化线上教学的效果。之所以采用基于微信的体育混合式教学模式,是因为微信在大学生群体中的普及程度非常高,几乎每个大学生每天都多次使用微信,借助这个大学生十分喜爱的通信软件开展体育教学,教学的效果无疑能够得到提高。在实施这一教学模式时,体育教师首先应当明确线上教学与线下教学的主次关系,在这个前提之下,选择与线下教学内容相关度高的线上教学内容,充分发挥二者的优势,促使学生在有组织、有纪律的环境下,学习体育知识与技能。

在微信的辅助下,体育教学的实施有了更多可能,体育教师不再是教学的主导者,学生以学习主体的身份投入体育学习之中,在自主学习意识的支配下,体育学习的成效有所提升,教师也有了更多时间与精力为学生准备拓展性的教学素材。

第四节 现代高校体育翻转课堂教学创新

一、翻转课堂的本质与特征

(一)翻转课堂的本质

翻转课堂也可以叫作颠倒课堂、反转课堂,这里所说的"反转"主要是针对传统课堂教学而言的,翻转课堂是人们普遍接受的概念。翻转课堂定义的变化与完善,体现出教育教学研究者对翻转课堂研究的日渐深入。

第一,翻转课堂就是一种教学形态,由教师创作录制教学视频,学生自己在课下观看视频,再在课上与教师进行交流,并完成教师布置的作业。此前,他们对于翻转课堂的表述大多基于其基本做法,比如学生晚上在家观看教学视频,第二天在教室完成作业,如果有问题就与同学讨论或者向教师求助。

第二,翻转课堂是学生利用课前时间借助教师给出的教学资源,包括多媒体课件、视频材料等,自主完成课程的学习,然后再在课中与教师进行互动,一起阐释问题、探究问题,并且完成作业练习的一种教学模式。

第三,翻转学习改变了直接教学的空间,就是由群体空间转向了个体空间,使群体学习空间变得更具动态性与交互性,从而促进学生在学习过程中充分发挥自身的创造性与主动性,积极参与学科学习。

综上所述,翻转课堂是将原来需要在课堂上完成的知识传授提前到课前,再将原来需要在课后完成的知识内化放到课堂中完成。至于翻转课堂的教学资源、教学信息技术以及具体的教学组织方式等,都不属于翻转课堂的原始要求,它们都是在翻转课堂实践发展的过程中延伸、演化出来的。翻转课堂的本质是赋予学生更多的自由,将传授知识的环节放在课前,是为了让学生自由选择适当的、舒适的学习方式;而将内化知识的环节放在课中,是为了让学生更多地、更有效地与教师及其他同学进行交流。

(二)翻转课堂的特征

翻转课堂在许多方面都对传统课堂教学进行了革新,作为一种全新的教学模式,它对课堂的时间进行了重新规划与分配,在传授知识的方式方法上有所创新,并且促进了教师与学生身份角色的转变。

1. 师生角色的转变

教学过程的颠倒、课堂时间的重新分配自然也影响着身处课堂之中的教师与学生,翻转课堂的特征之一就是师生角色的转变。在翻转课堂中,学生成了课堂的中心。学生在学习过程中遇到了问题可以向教师寻求帮助,教师主要负责为学生答疑解惑,提供及时的、具有一定针对性的指导,教师从以往的讲授者变成了学习资源的提供者,变成了学生学习过程中的引导者、帮助者。这也代表着课堂的中心不再是教师,而是学生。这种身份角色的转变向教师提出了更高的要求,教师除了要具备讲授技能之外,还需要具备收集整理教学资源、录制教学视频、组织教学活动的技能。

同时,学生在这样的课堂上也需要充分调动自己的主动性,不能再被动地接受知识,而是要积极、主动地汲取知识、内化知识。学生成为课堂的中心,就意味着学生将成为知识意义的主动建构者,他们可以按照自己的学习节奏、学习步调选择合适的学习时间与学习内容,遇到较容易吸收掌握的知识可以适当加快学习速度，而遇到较复杂的内容可以放慢学习速度，反复观看教学视频，仔细探究学习。学生不能再一味地等待教师给出答案，而是要通过自己的努力寻找答案。

此外，师生角色的转换也有助于拉近师生之间的关系，对营造良好的教学氛围有一定的益处，师生之间、生生之间可以交互协作，学生可以在丰富的教学活动中掌握知识内容。学生角色由"被动接受者"变为"主动探究者"。

2. 教学方式的创新性

翻转课堂的又一重要特征就是对教学方式的创新，其中最具代表性的就是短小精悍的课程视频，教学视频是翻转课堂教学资源的集中体现。

在翻转课堂中，学生可以通过短小但内容丰富的教学视频来接受知识，并且还可以根据自己的需求暂停、回放、慢速播放视频，这有助于学生把握自己的学习节奏与学习进度，充分发挥了学生的自主性。在课前或者课下观看教学视频，也会让学生更加放松，在一个相对舒适的环境中学习，不需要神经过度紧绷，如果有不懂的地方还可以反复观看，强化记忆。在之后的复习巩固中，教学视频也发挥着重要的作用。

3. 教学过程的创新性

翻转课堂将讲授知识的环节置于课前，将内化知识的环节置于课中，将巩固反思的环节置于课后。具体来说，翻转课堂要求教师在课前就做好相应的教学准备，按照课程目标搜索、整理或自己制作教学视频，为学生提供充足的学习资源，这样可以让学生在课前就完成基础知识的学习，让教师在课前就完成教学讲授；在课中，学生可以在课前学习的基础上提出自己的问题与困惑，教师则能够及时地予以解答指导，并且教师还可以组织学生进行小组讨论、合作学习，让学生在课堂上就完成知识的内化；课后，教师同样可以为学生提供有针对性的学习资源，帮助其补充知识，巩固记忆，鼓励学生积极进行学习反思。

可以看出，翻转课堂对教学过程中各个环节的功能作用进行了重新定位。

4. 课堂时间的重新分配

对课堂时间的重新分配是翻转课堂的重要特征，具体体现在对教师讲授时间的缩减以及对学生学习活动时间的增加上。翻转课堂将教师的讲授环节放在了课前，它既保证了教学内容的充足，也有效活跃了课堂氛围，提升了课堂互动性。这种对课堂时间的重新分配有助于加强学生对知识的内化程度，深化学生对学习内容的理解。与此同时，课堂交互性的提升对之后教师开展教学评价也有一定的帮助，教师能够通过学生的互动表现了解学生的学习状况，学生也能在教师的评价中进行反思，更加主动地把握自己的学习。可以看出，翻转课堂从整体上提升了课堂时间的有效利用率。

二、现代高校体育翻转课堂教学模式的应用要点

（一）重视培养学生自主能力

自主学习强调的是学生独立学习和独立思考的能力，它有利于提高学生学习的主动性，有利于学生持续探索知识，更有利于学生的持续发展和终身学习。

翻转课堂作为信息技术迅速发展的产物，它对学生的自主学习能力提出了更高的要求。学生自主学习能力的培养在翻转课堂教学模式的实施中起着不可替代的作用。

自主学习能力的培养应该注意四个方面：①注重学习动机，抓住影响动机的因素，并对其进行干预，从而不断激活学生的学习动机；②注重学生元认知发展，采用多种手段发展学生的元认知，并促进学生在这一方面的发展；③重视学习策略的讲授，提高学生的认知能力，鼓励学生采用不同的认知策略；④注重学生环境利用能力及其培养，良好的学习环境有利于学生的学习和能力的提高。

在体育课程教学中，教师首先应该意识到动机在学习中的重要性，并积极采取干预策略激活学生的内在动机，同时注重调动学生学习体育的积极性和主动性。其次，教师应该注重学生学习的策略，并采用不同的方式对其学习的策略进行指导。最后，教师要注重学习方法和技巧的传授，同时鼓励学生对自己进行科学、合理的评价。

具体到翻转课堂的实施中，教师应该注重学生学习体育的主动性，并采取多种方式来调动学生学习的积极性。举例来说，教师可以将学生课前观看视频的时间和次数进行统计，并将统计的结果融入期末成绩考核中；在课堂上通过提问、作业检查等方式来考查学生课前观看视频的情况，并将这一考查结果融入日常的学习评价中；对没有按时完成课前观看视频任务的学生，教师也需要采取一定的措施，并对这类学生学习的进度进行及时监督。

总之，利用多种方式来促进学生的主动学习，是翻转课堂教学模式实施

的关键。因此，教师应该根据学生的实际学习情况及任务完成的情况，选择恰当的策略，从而促进学生的主动学习。

（二）提高体育教师的能力与素养

教师是教育教学改革的重要保障，无论是体育教学改革还是其他形式的教育教学改革，都离不开教师的积极参与。翻转课堂作为一种新的教学模式，在实施过程中也离不开教师的参与。在翻转课堂教学中，教师扮演着不可替代的角色。例如，课前教学视频的制作、在线体育教育平台的构建、课堂教学氛围的营造及教学组织和管理、课后教学评价以及对学生具体学习情况的评价等都需要体育教师的积极参与。在翻转课堂影响下，这些教学内容也对体育教师提出了更高的要求。例如，教师的计算机操作能力、信息化教学能力、信息资源整合能力、教学组织能力、教学互动能力、教学评价能力等。要想在体育教学中有效实施翻转课堂教学模式，应该意识到体育教师在体育教学中扮演的重要角色，并从多个方面提高教师的综合能力。

由于体育翻转课堂教学模式涉及的内容、范围更为广泛，涉及的工作也更为复杂，再加上每个教师的时间、精力等都是有限的，所以，除了提高体育教师的综合能力以外，还应该注重翻转课堂团队建设。随着教育教学改革的不断推进，教育教学改革也逐渐从精品课程建设向教学团队建设方面转移。基于翻转课堂的教学团队建设是翻转课堂在体育教学中的重要保障。它有利于缓解体育教师的压力，有利于培养体育教师的合作精神，还有利于体育教师在教学团队中不断学习、不断吸收他人的经验，不断弥补自己的不足，从而能够在很大程度上提高体育教学的质量，促进体育教学目标的实现。

（三）重视体育教学安全防范

体育教学是一种特殊的教学项目，它有着其他教学项目不具备的特点，融合体力与智力、需要运动者的身体参与、不同的运动者承载的运动负荷也存在着差异等。同时，不同的体育项目，也体现了不同的特点。无论是哪一种体育项目，都存在着运动的风险，体育运动中的安全防范是降低或避免运动风险的关键，体育教学应该重视安全防范。

与传统体育教学模式相比，体育翻转课堂教学模式注重学生的课前学习。学生通常会在课前对教师事先制作的教学视频进行观看和学习。在这一过程中，学生可以从中理解体育项目中的各种动作，并根据视频中的规范动作进行模仿练习，这样能够为课中教学做好充分的准备。然而，这种课前观看教学视频的过程,是学生自主学习的过程。在这一过程中,教师并不参与其中,学生在模仿和训练动作时由于缺乏教师的监督和指导,出现运动损伤的情况也随之提高。针对这种情况,体育教师应该根据课前教学视频的内容做好安全防范工作。

具体而言,教师应该提高安全防范意识,明确哪种体育内容存在着运动损伤风险,并在教学视频中特别说明。同时,教师还应该注重学生安全运动损伤风险的识别,提高学生的安全防范意识,充分利用翻转课堂平台,在教学视频或在师生互相交流的过程中,对运动损伤风险进行分类,并给出相应的预防措施。

(四)优化信息化教学环境

随着网络技术、多媒体技术等信息技术的不断发展,教育信息化已成为教育改革的必然趋势,教育信息化改革在很大程度上促进了教育教学的现代化发展。高校在教育教学现代化建设中,十分注重教育信息化的融入。如何充分利用信息技术,如何将教育信息化与教育教学现代化有效融合,是当今教育教学改革的重要内容,也是教育改革中教育者研究的重要方向。

翻转课堂作为一种新的教学模式,注重多媒体技术、信息网络技术的利用,注重在线教育、教育技术的融入。由此可见,翻转课堂教学模式的有效实施离不开信息化教学环境的支持。要想有效实施翻转课堂教学模式,就应该不断完善信息化教学环境。尤其是在当今信息化时代,以翻转课堂教学模式为典型代表的信息化教学日益受到重视。作为影响信息化教学的重要因素,信息化教学环境也日益受到重视,只有不断完善信息化教学环境,才能在一定程度上保证信息化教学模式的顺利实施。

(五)加强体育教学实践

目前,高校公共体育教学日益受到重视,翻转课堂与高校公共体育教学相结合,将有利于实现高校公共体育的信息化教学,有利于促进高校公共体育教学的持续发展和改革创新。因此,探索和研究高校公共体育翻转课堂教学理论与实践,对高校公共体育教学理论研究和实践发展都具有不可忽视的意义。

高校公共体育翻转课堂教学理论和实践研究是一个十分复杂的过程,并不是朝夕之间就能完成的。为了更深入地研究高校公共体育翻转课堂教学理论与实践,体育教师应该更新教育教学观念,意识到翻转课堂在高校公共体育教学中的重要性,并从多个维度研究高校公共体育翻转课堂教学理论,不断吸收前人研究的最新研究成果和实践经验。同时,体育教师还应该根据体育教学改革的要求,不断提高自己的能力和水平,不断在公共体育教学中研究和探索,加强翻转课堂在公共体育教学中的理论与实践研究,真正实现翻转课堂与公共体育教学理论与实践的有效融合。

第四章　现代高校田径教学实践与训练

第一节　现代高校田径运动及其价值

一、现代高校体育田径运动的特征

（一）技能基础强

大多数运动和田径技能的坚实基础体现在以下两个方面：

第一，运动和野外技能的基础是人类基本技能的一种竞争形式。特别是田径运动，它源于人们的生产和日常生活，并从人类生活和工作的基本技能（如步行、跑步、跳跃、射击等）发展而来。田径运动以发展人类的基本运动能力、提高身体的健康水平为目的，是最基本、最简单、最自然的人类活动。

第二，田径是其他运动的基础。田径运动有着悠久的历史，它是在体育竞赛中出现最多、影响最深的一种竞技运动项目。现代体育运动的形式和内容都离不开简单的跑、跳等体育运动，因此田径是各种运动的基础，这也是许多竞技体育将竞技视为一种训练方法的主要原因之一。

（二）群众基础广泛

第一，田径运动可选择项目多。田径项目内容丰富，为运动员提供多种运动机会：参赛者可根据年龄、性别、爱好、特点、体质等，选择和练习田径项目。

第二，田径运动形式参与性强。田径运动的项目有很多，具有较强的参与性。一方面，不同年龄和性别的人都可以参加体育运动，不同身体状况和健康水平的人，可以选择他们想参加的特定运动项目；另一方面，在田径场上练习不同的项目，也可以在同一项目的训练中进行不同强度的训练，增加田径运动的参与度。

二、现代高校体育田径运动的身心基础

(一)生理学基础

第一,生理激素。人体是由不同器官、不同系统进行有机组合后构成的结构性和功能性整体。不同的系统有各自功能,在时间和空间上具有严密的组织,相互配合,相互制约,使机体的整体功能保持稳定。生理激素和运动的关系是密切的,在很大程度上影响田径运动的发展。

第二,心血管系统。血液是由血浆和血细胞组成的流体组织,存在于心血管系统中。血细胞包括红细胞、白细胞和血小板,占全血量的45%～50%。正常成人血液占体重的7%～8%。当人体处于平静状态时,大部分血液在心血管系统中快速流动,血量称为循环血量。还有一些血液残留在肝脏、肺、腹部、腔静脉和皮下静脉丛中,流动缓慢,血浆较少,红细胞较多。这部分血容量称为贮存血量。

(二)心理学基础

1. 运动心理学原理

体育运动心理学研究的对象是人在体育运动中心理活动的基本规律,其主要任务是研究人在体育运动中的心理过程和个性心理特征发生发展的基本规律。

(1)体育运动中的心理过程。

第一,认识过程。知觉是大脑对受事物直接影响的一切事物的反映,如篮球、盘子和横带等客观物体直接作用于感觉器官时的知觉。两种不同的认知过程不仅是人类大脑个体素质的反映,还包括所有直接影响感官并需要更高灵敏度的客观属性,能够识别动作和动作之间的细微差别,并能在适当的时间感知轻微干扰。更高的灵敏度也让运动员能够快速感知外部刺激,将缩短响应时间。运动员对目标物体的大小、形状、方向和距离的感知,只有正确的空间意识,才能区分个体在不同精英运动中的空间位置。思考是指人脑中对事物的必要属性和内在规律性的反映。感知事物的本质和规律是一个非常复杂的心智加工过程。

第二,情感过程。情感在运动中扮演重要角色,它是一个人对具体事物是否满足个体需求的体验。当能够满足需要时,会产生幸福和喜悦等积极情绪;当不能满足自身需要时,会引起各种负面情绪,如痛苦和煎熬。成功和失败

在比赛中十分常见：运动员击败对手的需要，有时会得到满足，有时会不满足。其心情急剧变化，时而欢喜，时而烦躁和悲伤，不断变化。在比赛中，积极的情绪可以使运动员的力量加倍，而负面情绪会使运动员行动迟缓和虚弱。狂喜、愤怒等强烈而短暂的激情，有时会转化为战胜逆境和战胜敌人的巨大力量，会导致肌肉痉挛、腹痛和性能下降。因此，每个人都应该了解情感竞争力的属性。学会控制和调整脾气，不骄不躁，不放弃胜利，永远保持开朗和乐观的心态，以情绪为推动力发展运动技能。

第三，意志过程。坚强的意志对运动员的表现十分重要。意志是人们在训练中为了达到一定目标，有意识地克服困难而掌握行为的心理过程。意志是一种基于认知和情感启发的心理活动，是提高运动成绩的良好精神力量。对于跳远、跳高、跳伞等运动，要克服犹豫和恐惧；举重、投掷等运动，要克服短期强肌肉使用；长跑越野自行车、游泳等运动，必须克服长期肌肉紧张。关于锻炼过程，长期的活动不仅消耗大量体力，由于训练所需的高度集中，也消耗大量的精神能量。

（2）体育运动中的个性心理。

第一，能力。能力指完成特定活动所需的心理素质，包括观察、记忆、思维、想象力和专注力，是学习运动技能和提高运动成绩的基础。人与人之间的技能差异很大，因此在练习运动时应特别注意培养基本的个人技能。

第二，性格。性格指一个人对现实的稳定态度和习惯性行为，它是人类人格的一种特征。性格是一种相对稳定的心理属性，但性格特质也有其特殊性：①性格是人脑中一种内在的社会关系，反映一个人在某种现实和行为中的自信，是人们思想意识和行为的体现；②性格特征相对稳定，但有不同的倾向性。因此，一个害羞、害怕兴奋的人，经过长时间的锻炼和多次参加比赛，往往会成为相当强壮的运动员。

第三，气质。情绪指一个人心理活动的稳定动态性质，不同的情绪类型表现不同。了解或评估个人的情绪类型对于参与体育运动、体育教育、运动训练和管理非常重要。心理过程总是发生在每个人身上，与个体心理差异密切相关。人的人格心理是由心理过程决定，也存在于心理过程中，由此产生的人格差异限制了心理过程的发展。

2. 田径运动的心理因素

田径运动项目众多，学习和掌握各项目运动技术效果与心理因素有着密切关系。

（1）运动知觉。运动知觉是人脑对身体运动的外观和状态的反映，是由重力、速度、肌肉、力等多种感觉要素组成的复杂知觉。人脑在外界物体运动状态下的反映称为物体运动的知觉，人脑在自身运动状态下的反映称为对物体运动的感知，两种类型的运动检测在竞技技术能力中都有特定功能。精确和协调的运动是通过不同的运动感知实现的。

第一，走、跑项目的速度知觉。速度感知是跑步者和跑步参与者的重要心理因素，准确评估身体耐力和力量分配是运动员应该掌握的重要方面。对速度的感知大部分反映了身体时间的变化，一方面可以通过视觉和音频信号感知高速反射，另一方面可以通过信号运动和肌肉感觉判断。每个人都可以通过对肌肉敏感性的体验，区分身体运动的速度和连续性，而这种改变的能力是通过重复锻炼提高的。此外，表现出色的运动员能够利用身体变化的感官知觉，如心跳、脉搏、呼吸、血流量等评估跑步速度。

第二，跳跃项目的速度知觉与空间知觉。对速度和空间的感知是塑造跳跃技术的重要心理特征。正确分配和使用力量，捕捉节奏，对节奏的感觉以及在冲刺过程中准确估计起跳距离和横梁高度的能力，是通过差异化发展形成的。

第三，投掷项目的专门化知觉。在任何特定项目中，设备的手感是决定投掷技术的重要心理因素，是使用各种运动器材的重要心理基础。通过肌肉运动、触觉、视觉和平衡参与，以及精确的技术运动，特别是肌肉运动设备的感官将逐渐发展。

（2）运动情绪。

第一，走、跑项目的运动技术与情绪。在各种步行和跑步项目中，运动员有强烈而明显的情感体验，这种情感体验的特点是运动参与者的生理状态发生变化而导致克服问题的力量增加。步行和跑步距离的强度和持续时间以及参与者当时的身体变化以及对比赛或锻炼重要性的理解，创造出不同的情感体验和复杂的情感变化。尽管运动员的情感本质随着步行和跑步距离而变化，但高层情感是他们克服各种内外问题的重要心理因素。

第二，跳跃、投掷项目的运动技术与情绪。强烈而爆发性的情感体验是跳伞者必须具备的心理素质，直接影响神经系统的兴奋性。改善肌肉收缩和速度也用于跳跃，这种情感体验可以让身体在跳跃后移动到最高点或最远点。

三、现代高校体育田径运动的价值

（一）健身价值

1. 培养身体的肌体能力

在田径运动过程中，通过反复地步行、跑步、跳、投掷等，可以帮助运动员发展运动协调能力，更好地协调促进大脑发育。同时，田径运动可以提高运动员的决策能力。田径项目中的跳跃和投掷比赛，要求运动员能够判断球的方向。为了准确评估自身和器械的运动轨迹，重复训练可以让运动员逐渐培养良好的判断力和快速的反应能力。

2. 提高身体基本素质

大多数人的身体素质表现在力量、速度、耐力和柔韧性上。田径运动包含的技能可以促进身体健康。通过在田径活动中的练习，可以提高运动员的素质。田径活动对促进兴奋性和中枢神经系统的灵活性也有积极作用。长跑和竞走、健身是当今有氧运动的王道，对运动员也非常重要，对改善血管和呼吸系统功能也非常重要。跳跃活动的练习可以加强和提高人体的感官功能和爆发力。投掷会影响人类肌肉的发育，加强和提高人的适应能力。通过田径运动不仅可以改善运动员的肌肉、骨骼、神经和循环系统，也可以提高运动员的心理稳定性，有助于全面提高身体素质。

3. 注重运动技能提升

随着休闲运动和健身的普及，田径运动被纳入健身领域，越来越多的人开始参与运动健身。田径运动正以独特的魅力成为大众健身不可或缺的一部分，而田径健身的价值也逐渐显现。田径项目多样，内容丰富，步行、跑步、跳跃、和全能运动都涉及更高层次的运动和技巧，每种类型都有特点。例如：短跑项目可以有效提高人们的短距离和高强度运动技能；长跑和跑马拉松提高运动员的长期耐力和超负荷能力；跳高、撑杆跳高，为运动员征服高度，勇敢攀登竞技表演的高度，发挥积极的鼓励作用；投掷对于训练和提高运动员的爆发力和沉着性具有重要意义。

4. 延长健身寿命

对运动员而言，长时间锻炼的能力也被归类为运动预期寿命，田径训练可以延长运动员的运动寿命。系统的运动训练可以改善运动员的身体健康，提高机体免疫力和有效治疗疾病；运动健身可以有效改善运动员的体型，使身体机能始终处于较高水平，将有助于减少和减少身体能力的恶化。在田径和田径运动中的健身时间越长，运动员能力会越好。体力的发展对体能的提升更加强烈，由此产生的训练效果更加稳定。因此，体育锻炼可以有效提高运动员的终身身体素质，延长健身寿命。

5. 回归自然生活

田径源于人类的生产生活，也是回归人性最重要的运动项目之一。现代社会环境和体育方面的人口和污染压力很大，而人们回归自然的愿望也越来越强烈。田径运动的起点是步行、跑步、跳跃和射击，运动员通过锻炼这些人类在与自然作斗争的过程中发展起来的技能可以取得积极的健身效果。利用自然亲近自然、回归自然的方式，在自然环境中进行田径运动，对提高人们的生存能力和基本体质有积极贡献。通过在自然环境中进行田径运动和锻炼，可以有效缓解运动员在生活、工作和教育中的压力。当今，人们面临的田径运动组织和发展，主要是竞技体育形式。因此，田径是一项在训练和比赛中更具表现力的竞技运动。

（二）健心价值

1. 提高认知能力

人体可以加强其本体感觉。在训练过程中，在长时间运动后，运动员能够快速准确地识别和判断外部事物。因此，运动员需要使用不同的感官，为了形象化动作创造出准确和完整的运动。

田径运动对一个人的认知能力发展，可以分为两个方面：一方面，田径运动中的步行、跑步、跳跃等体育活动，有助于人们认知能力和运动思维的发展。田径或运动是简单或复杂的重复练习，可以提高运动员的意识；另一方面，长期坚持田径运动，可以调节大脑皮质神经，过程中的平衡性和灵活性能够得到改善，以增强大脑皮质评估和分析其环境的能力。

2. 增进情感体验

情绪是个体心理活动的核心，它影响着人们的教育、工作和生活。田径运动可以增强人的情感体验，使一个人能够体验成功与失败、进步与挫折、快乐与痛苦、悲伤与渴望，充分沉浸在个人的修行过程中，学习正负情绪。自尊的快速变化将有助于促进人们的情绪成熟，并提高他们长期控制情绪的能力。

3. 培养意志品质

运动是传达人们意志和品质的最有效方式之一。在运动过程中，个人经常与个人问题和目标作斗争，例如，运动过程中的身体压力强度，需要达到物理极限，有时会导致精神疲劳。因此，运动可以提高一个人的意志和素质。

（三）益智价值

体育对个人智力的发展尤为重要，体育运动也是如此。田径运动可以向挑战自我的运动员灌输信念，人类依靠四肢创造完整的人类体育文化，需要极大的运动创造力。在田径运动中，运动员身体素质的持续发展，不仅需要将身体状况作为基本要求，也必须对锻炼计划达成合理的协议。运动时间、运动压力等因素，可以使运动员发挥身体潜能、塑造完美身形，从而享受运动。

第二节 现代高校田径运动的教学实践

一、现代高校田径运动教学的方法

（一）简单技能的教学方法

简单的运动技能是指通过些许的练习就能够学会的技能，这些简单的运动技能在进行学习的时候是十分容易的，大概率通过直接的观察就能够学会。有些初学者在学习简单的运动技能时，通过现场或电视上的观看就能够直接学会。但是确定一个技能是简单还是困难却并不是一件容易的事情，只有在初学者能够在学习这项技能时，能够在短时间内就能很轻松地学会的时候，才能称这项技能为简单技能。而如果有些技能相对于某些人来说很容易，但是学习者在学习和练习的过程中却感到很困难，那么就不能称它为简单技能，而应该将它分类为复杂技能。有一些简单技会因为学习者当时的心理状态如因为接触到新东西时的紧张和害怕的情绪等，使得在学习起来也会很复杂。在这个时候，如果并不能确定这个技能究竟是否为简单技能，那么就应该按照复杂技能的教学方式来进行教学。

简单技能教学有模仿法、示范法、讲解法、练习法、纠正法。

（二）复杂技能的教学方法

在教授复杂技能时，一般采用两种教学方法：塑造法和链接法。

1. 塑造法

塑造法就是一种简化技能的学习方法，例如，在教授复杂技能时降低技术复杂程度。这种方法能够以降低技术整体要求的形式来实现，也能够以更换体育器材、外部保护的形式来实现，从而使学习者能够真正通过教师的教授学会运动技能。塑形方法的基本过程如下：

（1）示范并简要解释学习所教技能的这一过程。

（2）通过简化技能的形式或纳入全技能中主要技术动作的形式，使学生能够很好地完成。

（3）学生要多加练习简化后的主要技能。

（4）逐步修改教学工作中的任务要求，使学生达到大致成熟的阶段。

2. 链接法

链接法教学模式就是将分解的技能链接在一起。一个复杂技术是由几个简单的部分组成的，每个部分可以被认为是一条链中的一个环节。为了使技能的链接更有效，教师要尽量早地将分解部分联系起来组成完整技能。在学习的中级阶段，学生可以进行运动技能的分解练习，但结束时一定要进行完整技能练习，将各个环节连成一条链。

二、现代高校田径运动的课程设计

（一）课程目标设计

1. 课程目标设计的前期准备

（1）田径课程目标设计的依据。与课程设计有关的理论中提到，课程设计的基本要素包括：学生、社会与学生。但就专业的田径课程而言，它的教育目标的设计还会受到体育教育的培养目标的影响。田径课程目标设计的依据主要有以下方面：

第一，体育教育的培养目标。自从改革开放以后，田径一直是学校体育课程中的主要部分之一。但随着经济的发展与社会的进步，逐渐有越来越多的体育项目与学科理论计入到了体育教学的培养方案中。这样就导致在日常的体育教学中，田径项目的课时被其他体育项目抢占，而且学生在课堂中所能学到的内容也大幅减少。而与此同时，体育教学对教师的综合素质的要求却在逐步提高，使得教师的高素质与课程的精简化之间的矛盾日益显现。所以，这就要求学校中的田径课程的目标要与体育教育的培养目标相一致。

第二，社会的需求。学生在学校学习期间的主要目标就是获取知识，从表面上看这一目标与社会的需求之间似乎并没有什么关联。但人具有社会性，人们所有学习到的知识都会与社会存在着直接或间接的关系。而对于体育教学来说，由于已经有了明确的培养对象和培养目标，因此体育课程的目标就需要与社会的需求相符合。这种符合有两种内涵：①学生所学的田径技能能够为社会提供有条件的服务，这种条件是指田径技能的大众化与国际化；②学生在学校的体育课中所学到的田径技能要具有一定的前瞻性，也就是要保证能够完全满足社会需求，甚至能够领先于社会需求。综上所述，田径课程中的目标与社会的需求是息息相关的。

第三，学生的需求。所有的教育的目标都是为了能够促进学生的全面发展，而其中的载体就是各式各样不同的课程。体育教育专业的学生，他们之后的职业倾向是与体育的教学为主，并且专注于将体育的技能发扬并传承下去。因此有关于这些学生的全面发展，是在学生能够有一定的体育专长的前提下进行的。虽然作为体育教学的重要组成部分，田径课程应该是体育教育专业的学生在日常的学习生活中的重要组成部分，但由于地域与种族的不同导致的成长环境的不同，使得学生在个性与兴趣方面也同样有着极大的区别。所以，在制定田径教学的课程目标时，一定要对每个学生都有充分的了解，这样才能制定出适合不同学生的田径课程目标。

第四，学科发展的需求。由于在体育教学中田径课程是一项能够传承并发展田径运动的基础学科，所以在体育教学中，田径教学的发展以及课程目标的制定是受到整个田径运动的发展所影响的，而在田径教学的发展过程中，一些专家学者能够对田径的概念、原理、特征以及与其他体育的关系问题有着深刻的研究，因此他们的建议能够对田径课程的目标起到很大的帮助作用。

（2）田径课程目标设计的差距。差距分析主要是为了确定学生、社会和学科专家对田径课程所应达到目标的期望，以发现三者之间的真正差距，从而为田径课程目标的设计提供现实依据。在田径课程的目标设计中，差距分析的目的是：确定学生、社会与专家学者对体育教学中的田径课程应该得到的目标，并分析三者之间的区别，并为田径课程的设计提供了可靠的基础。

在田径运动中，技术动作和运动的水平是各个项目中完整的技能的体现，而一些健身的项目则是相较之下比较简单的动作。相较于田径项目的学习，学生们更喜欢的是其他能够提高身体素质的方式，专家学者们也更倾向于学生在提高身体素质的过程中使用多种方法；而在社会中，掌握多种练习方式的体育教育人才也更受欢迎。在耐力素质这方面，社会总体更倾向于体育教学专业的学生能够掌握多种教育方式，而学生与专家学者由于受近年来国家出台的体育教学方面的政策的影响，在这方面的倾向则更强。

无论是学生、社会还是专家学者，都希望在力量和速度方面可以使用多种的练习手段。而这两方面业余其他方面的期望上存在着差异，因此教学课程的设计者在进行田径课堂的目标设计时要分清主次。换句话说，这五项能力的练习由多到少的顺序大概是最多的力量与速度，其次的耐力，以及最少的柔韧性与灵敏度。

学生在能够了解和熟练掌握田径运动的技术动作和提高身体素质的练习手段之后，并且拥有了一定的运动水平，就能够在经过了一段时间的专业田径教学之后将最终的技术动作完美地展现出来。在体育教学中与技术动作有关的能力有很多，其中包括了教师的示范能力，在学生自由活动的时候对学生进行训练的能力，以及在社会实践的过程中指导学生进行健身的能力等。在田径的技术动作方面，学生、社会和专家学者的期望都比较高，其中也有一些比较明显的区别。在示范能力方面，教育学专家学者与学生的期望值较高，而社会则相反。在所有的能力中方面，学生对自身训练、指导训练的能力期望较高，而专家学者则相反。总体来看，学生、社会与学科专家对不同能力的期望值有很大的区别。

综上所述，学生、社会与专家学者对田径项目中能够提高力量、速度以及运动水平等方面能够有多种的练习手段的期望都很高。而在耐力、示范能力、训练能力等方面的期望则存在着很大的不同。另外，学生对自身能够掌握的技巧所能形成的能力的期望值最高。

2. 课程目标的分类

体育教师教学技能的发展要基于几门课程协同教学的结果，田径课程只是体育教学系统中非常基础的一个部分。然而，现阶段田径课程是高校体育主要课程之一，在高校体育技术课程体系中的占比非常大，田径运动本身的特性是：根本性与普遍性，所以它在培养学生的教育和教学能力方面发挥着重要作用。

学生在学习某门课程后，自身的学习成果会有五个方面的变化：①语言信息的变化；②智力技能的变化；③认知策略的变化；④运动技能的变化；⑤态度的变化。

对于体育教育中的田径课程来说，学习成果侧重于运动技能，若是以从事体育教师的职业需求的视角来看，学生学习田径课程的侧重点应该是：①语言信息；②智力技能；③认知策略；④学习态度。这些学习成果也是田径课程一个重要组成部分。所以，从目标角度来分析田径课程，可以大致归为五类：第一类，运动技能目标；第二类，语言信息目标；第三类，智力技能目标；第四类，认知策略目标；第五类，态度目标。在这五类目标中，运动技能目标一直是教育领域、体育领域以及竞技领域系统研究的项目。

根据对教育学、体育学中运动技能的分类研究，可以总结出教育学中的运动技能分类的研究，侧重点是心理学角度，从心理去渗透运动技能习，具有一定的渐进性，而体育中的运动技能分类的研究，侧重点是以运动的执行形式展示运动的特点。在田径体育课程的学习成果中，将这两者作为运动技能目标是有些不合适的。所以，基于学习结果理论来看，本研究将田径课的运动技能分为三个不同的层次：简单运动技能、综合运动技能、复杂运动技能。

（1）简单运动技能：主要是指个别技术的单一或者单项运动技能。例如，短跑运动项目中的"跑"，铅球运动项目中"最后的用力"、标枪运动项目中的"助跑"。

（2）综合运动技能：两个或更多技术综合在一起的运动技能。例如，跳远运动项目中"助跑""跳"这两个技术动作的组合。跳高运动项目中"助跑""跳"这两个技术动作的组合。

（3）复杂运动技能：是以多个环节的技术动作合成为核心的运动技能形式，而且强调各环节技术动作保持一定的完整性，本质上是指每个环节上的单一技术的完整程度。根据这三个不同的层次，学生的运动技能学习成果可以通过观察田径体育课后运动技能的变化来确定。该技能的每个级别还可分为四个等级：优秀、良好、一般、差。

总的来说，田径课程中不同类型的学习成果为课程目标的分类提供了一个相对系统的体系。

3. 课程目标的陈述

在明确了田径项目的目标体系后，有必要准确制定不同层次和类型的目标，以规范田径项目教学的学习目标，衡量并观察不同类型目标的实现程度。所以，对田径课程目标实现的程度的研究，是非常有必要的。

（1）田径课程动作技能类目标的陈述。田径运动的体育教学目标是以学习运动技能目标为基础的，所以最终的运动技能目标通常由运动技术（技术评估）、技术水平（成绩）来表达，通过观察学生在田径项目学习前和田径项目学习后，是否可以独立掌握所学的简单、复合以及复杂动作技术，来衡量学生的整体能力水平。学生的运动技术水平反映在学生的速度测试中，也能够从田径项目中的远度与高度上反映出来。所以，运动技能目标的制定反映了对行为目标的明确关注。要做到这一点，课程目标制定者必须确定学生在学习田径后是否能表现出特定的动作或技术，由此便可以解决目标制定中的动词选择这一问题。课程目标制定者必须确定该动作或技术的实现程度或水平，这是制定目标的标准。在有必要的前提下，必须确定上述动作是基于什么条件下才可以进行的。最后，以学生为目标、以学生为主体来制定目标，而不需要说明教师这方面的内容。将上述的内容进行有效串联，就能够实现动作技能目标陈述。

（2）田径课程言语信息类目标的陈述。学生对田径体育课程的言语信息类目标陈述意，是以学生口头形式、书面语言形式为主进行输出的。田径体育课程的言语信息通常包括：运动员姓名、体育事实、有组织的体育活动信息某些短语，而学生是否可以正确表达这些体育信息，就是学生语言目标达成某一指标的标志。所以，通过语言信息目标能够表现出的是行为目标的取向。在言语信息类目标中有一些比较常见的动词："告诉""写""描述"和"陈述"等，其他三项的基本要求可以参照动作技能，具有非常大的相似性。

（二）课程内容设计

在开发田径课程内容之前，需要对课程内容的含义有清晰的认知、对田径课程内容的含义有清晰的认知。现阶段，诸多研究人员对课程内容的具体含义都有广泛的共识。人们普遍认为，课程内容包含的是每个学科中的具体事实、教育观点、技术动作原则、科研问题，以及解决这些问题的各种形式。一般情况下课程内容能够分为两类：①以系统形式为主组织而成的学科知识，特别是基本的学科知识和基础的技能；②实践知识，它与学科知识不同，没有系统的组织，也没有经过系统的处理。因此，课程内容的信息实体主要包含具体事实、教育观点、技术动作原则、科研问题。

以田径项目来说，它的组成是非常多元的，包括田径的名称、田径的事实、田径的概念、田径的技术原理、田径的项目练习步骤、田径的技术动作规范、田径的教学经验、田径的教学实践知识，还有一部分是田径中的锻炼手段以及相关技术动作，这些都必须通过练习和实践来实现。所以，田径项目的内容是非常广泛的。

1. 课程内容的选择

田径运动在不断发展，以至于田径课程的内容变得越来越丰富，但实际上，体育学生的田径普修课程的学时很少。如何在非常短的时间内向学生传授田径课程中最有用的内容，这是一个大问题，也是田径课程研究者一个急需解决的问题。实际上，若是想要解决这个问题，主要的办法在于如何选择田径课程的主要内容。体育课程内容的选择涉及确定哪些田径项目应该作为教学所用材料，那就意味着需要在课程内容的选择上，明确出哪些内容对学生来说是最有价值的。实际上，要确保课程内容与目标的一致性，还需要考虑综合方面的内容。

（1）田径课程内容选择的原则。田径课程内容选择原则是选择田径课程内容时必须遵循的准则，遵循课程内容选择原则有助于提高课程内容的有效性。因此体育课程目标的选择需要遵循以下原则：

第一，一致性原则。选择田径课程内容时，必须与体育课程的教学方案相一致，从专业角度来看，这就是田径课程内容在选择上要遵守的规范。体育课程的教学方案是高校体育教学工作中比较重要的"制度型文件"之一，其组成结构有：体育课程的学习目标、学习规范、课程参数。在体育课程的教学方案中田径课程也是一项重要的组成部分，在内容选择上要与体育课程的教学方案保持高度的符合性。目前，体育教学的目的是培养复合型的运动人才。所以，在选择田径项目的内容时，一是应选择能促进学生未来教学能力和运动技能的田径内容。由此看来，各田径项目的体能锻炼方式，都是帮助学生构建田径技能的前提条件，学生应该在第一时间掌握这些内容；二要正确认知田径技能的根本目的，就是确保田径文化得到传承。这也是传承的基础，是实现"智慧技能""教学策略""语言信息""态度类型学习成果"的必要条件；三要掌握项目技术、学习田径项目教学的基本方法，这是田径课程组织中很重要的一部分。对比其他学科,一些研究者提出,课程内容的选择与教育目标之间的关系,既是服从也是服务。不符合教育特点的课程内容,那么,以理论视角进行分析,或者以实践教学进行分析,都会存在一些差别,这意味着将课程内容与教育计划相结合是很重要的。

第二,现实性与前瞻性相结合原则。现实性原则、前瞻性原则,其实质就是说,选择田径课程内容时,不仅仅需要考虑当下社会的需要,也需要考虑社会发展过程中的需要,也就是说,选择田径课程内容时要以社会需要为视角,进一步确定田径课程内容。

第三,职业需要与兴趣相结合原则。职业需要结合兴趣的原则,这一原则是以学生为主体,进一步规范田径课程内容。学生的地位、教学作用的具体用途,是用来决定教育系统的基本性质、教育价值以及教育最终目标,这是非常重要的一项标准。在课程方面,所有的计划和行动都必须以学生为主体。所以,在选择课程内容时,在内容上不能脱离学生在学习期间的基本需要,不能是单独存在的。就体育专业的学生来说,职业需要结合兴趣的原则需求,主要来源于两个方面:一方面来自社会,社会对田径专业学生的期望,在学生的职业素质方面就能表现出来这种期望;另一方面源于学生本身,在学生自身的兴趣方面就能够表现出来这种期望。就田径项目而言,对学生的专业要求主要体现在能够在体育课堂上教授和指导田径内容,也可以通过指导社会成员进行田径项目健身的行为来表现。

(2) 田径课程内容选择的方法。为了确保田径课程内容选择的有效性,作者将田径课程内容选择所要遵从的原则、田径课程的基本特点相结合,列举出以下田径课程内容选择的方法:

第一,分类选择法。选择田径课程内容时,把选择到的内容以既定的分类标准给予分类,而后,以类别的形式来选择课程内容,这样的方式叫作分类选择法。在具体选择时,通常是在比较宏观的分类基础上,对田径课程内容给予分类,形成初步的选择依据,接下来,在相对具体的分类基础上再给予分类,重复分类这一过程,便能构建出田径课程内容结构。以分类选择法得出的田径课程内容,可以以各种形式呈现,如图表或草图。这种方法具有一定的优势,它从宏观角度就能掌控体育项目的整体内容,能够突出内容的本质,为选择章节和某一单元课程的教学内容奠定了基础条件。它的缺点是不能彻底分析内容的精细结构,从而致使有机、相关的内容分割成碎片。在使用分类选择法时,应注意要以科学的分类为依据。如果分类依据不科学,一些内容可能被遗漏或造成重复。

第二，流程图选择法。这种方法是以田径体育课程最终的目标为核心，通过对内容进行细化研究与分析的过程，进而落实田径课程内容的一种方法。这种方法来自"流程图分析"，"流程图分析"常见于企业单位的风险分析。企业单位的规模、形式越大，就会涉及越复杂的生产过程，利用"流程图分析"，能够突出这种方式的优势。同样的，田径课程内容不是一个单一的运动项目，而是由多个运动项目、多种田径理论知识构建而成的复杂结构，课程内容包含的是程序性知识、技能。所以，田径课程内容的选择也可以参照"流程图分析"。

"流程图分析"方法的优点是能直观地显示田径课程内容与内容上的关联性，田径内容结构是庞大且复杂的，"流程图分析"方法比单纯的文字结构更容易让教师和学生掌握。"流程图分析"方法构建的田径课程内容，优点是完整、清晰、逻辑性强，缺点是过于复杂，耗时长。

2. 课程内容的组织

现阶段，田径课程的内容通常都是以基础理论、基础技术训练两部分来组织，基础理论涵盖的内容有：田径概述、田径技术原理、田径训练的理论和方法、田径训练的理论和方法、田径训练的理论和方法、田径比赛的组织、体育设施、科学研究。

课程与单元内容的组织方法：范围、序列及学习结果的三维组织法。

"范围"就是针对体育学生的整个田径课程内容上的纵向与横向深度，即选定的田径课程内容的主体。通常来说，田径课程内容更具体的是指课程内容安排的时间与顺序。现阶段体育教育中的普修课程内容包括三个类型：陈述性知识、程序性知识、策略性知识，也有另一种说法，叫作"五类学习成果"：语言信息、智力技能、认知策略、运动技能、态度，它们之间又存在某种程度上的一致性。所以，所有这些满足学生专业需求、能让学生感兴趣、能够体现体育课程特点的知识都是属于课程内容的基本范围，从而确定了体育课程内容"宏观范围"。

田径体育内容的序列可以分为两类：纵向和横向序列，其中小的纵向顺序主要指课程中单一单元内容的顺序，横向顺序主要指整体教学单元之间内容的呈现顺序。

学习成果主要从不同内容的角度，试图尝试培养学生的能力。通过这种方式，从体育课程内容的范围、内容的相互顺序以及学习成果，形成一个三维矩阵。利用课程内容的范围、顺序和学习成果的三维矩阵来组织以"跨栏"为主题的单元课程内容，能够突出以下特点：

首先，在"上升"序列视角中，知识水平逐渐变得更加复杂。在这种情况下，智力技能、运动技能都是程序性知识的范畴，最初它们之间没有等级之分，随着体育生的发展，他们已经是成年人或接马上成为成年人，那么，其认知水平就会升高，但运动技能水平仍较低，所以，智力技能被放在运动技能之前。

其次，陈述性知识、程序性知识反映了从左到右的从易到难的课程内容的发展过程。言语信息分为：名称、术语、事实、有组织的体育信息；智力技能分为四个层次：区分异同、概念、规则、解决问题；运动技能体现在三个层次：简单的运动技能、综合的运动技能、复杂的运动技能。认知策略类的内容从两个方面来体现：自我意识、认识和实践，但很难对这一类的结果进行优先排序，因为它只是一种策略的组合。

再次，在模块内容的内部关系上，以组织方法的角度渗透到田径项目内容选择过程所要遵守的四项原则，以及项目内容整体组织的基本原则。

最后，三维立体组织法能使田径项目内容富有灵活性，便于结合本校的特点，也便于在不同的学校灵活运用田径运动。当普修的学时较少时，可以选择最基本的内容先讲，当学时较多时，就讲授系统的内容。

三、现代高校田径运动的课程革新

（一）重视素质教育

随着我国的经济发展水平越来越快，人们的生活水平，物质水平也在不断地提高。现阶段高校体育课程的教育目标一定要以学生的身心发展为主，对学生进行文化、思想、生活、技能等多方面的教育，而且要将这些教育渗透到田径教学工作中，以培养出素质教育全面发展的综合型人才。

与其他运动对比，田径体育运动项目存在枯燥性，其自身的趣味性也不是非常强，所以在田径运动的学习与训练中，学生一定要具有克服困难，克服艰苦的精神。也正是因为田径运动的这些特征，才使得田径运动与其他运动相对比来看更具功能性。例如，学生在练习跳高或者跨栏运动的时候，训练的不仅仅是自身的灵敏度和速度，更重要的是学生会通过练习，学会克服困难，克服障碍。通过田径运动的学习和练习，让学生养成勇敢顽强的身心素质。

（二）注重学生体质发展

我国教育部门已经对各大高校提出具体的教学要求，要求在一定时间段之内，对大学生的体质进行健康测试，具体的测试内容包括1000米、50米以及立定跳远，这些测试项目可以测试学生的耐久力、速度以及弹跳能力。从中可以看出，这些测试项目与田径运动教学和田径运动健身的最终目的是相统一的。对大学生展开定期测试的目的是解决现阶段，高校大一年级大二年级的学生在选择体育课程时，几乎没有人主动选择田径选修课程的情况。基于这样的体育教学情况，学校以每学年为单位可以对大学生进行一次体质健康测试，这样就可以将田径运动项目渗透在高校体育课程中。大学生健康测试能够培养大学生的身体素质，也能够让大学生的心理素质得到健康的发展，同时，这些田径测试项目能够为大学生学习其他体育项目提供一定的动作技术基础。

目前，越来越多的大学生在体育课程选修中，比较倾向的运动项目有体操，武术，以及散打。相对来说，这些项目的练习与学习形式也是非常单调的。还有一些学生比较倾向于球类运动，例如篮球，足球，排球等，这些项目能够让学生的身体素质得到比较全面的发展和锻炼。同时学生也不会对自己的身体素质有一个全面的了解。如果学生在球类的练习过程中，并没有完全掌握球类的基础技术，就会在日后的训练过程中出现中断，出现积极性不高的情况，甚至一部分学生会出现运动负荷不足的现象。解决这一现象的主要途径就是在大学生选择的这些运动项目中渗透一些关于田径项目的基础动作，使学生对自己的运动素质以及自己掌握基础动作方面的能力有一定的了解。另外，要对选择不同体育项目的大学生有统一的要求，这样才能培养出不怕苦、不怕累的刻苦精神，培养出大学生坚韧不拔的心理特征。

1. 培育生命教育的意识

从现阶段高校田径体育教师队伍的资质来看，存在一个非常普遍的现象，就是体育教师所掌握的相关于田径方面的知识内容，不是非常充裕，这已经是共性问题。大多数教师在教学工作中比较注重的是教学形式，在教育工作中没有付出关爱和关怀，以现阶段体育教师的知识面来看，他们与社会的发展时代的进步已经出现脱节的现象。体育教师的教育生涯以及发展并不能得到院校领导的关注，自身对工作的热情和期望也不能在教学工作中得到体现，这样的工作现状会致使大多数的教师逐渐对本职工作失去热情，甚至会在工作中出现敷衍的状态。这就是体育教师没有对学生付出关爱和关怀的本质原因。所以要想从根本上解决这一问题，就需要高校的领导对体育教师给予足够的重视，使教师的生命得到关注，让教师能够通过本职工作创造出自身潜在的能力。

另外，在体育工作上，教师需要能够展示出自己的生命层次，也需要体现出本职工作的具体意义。那么教师也需要从自身的知识积累出发，不断地学习，有关于田径方面的健身知识，理论知识以及实践知识。并且以现阶段社会的发展为核心，拓展自己的田径知识面，例如野外生存定向越野，田径趣味游戏等，在教育工作上，以生命教育为主题，对学生的生命教育给予足够的重视。在课余的时间里丰富自己的知识储备，有必要的情况下，可以从国外的先进教育理念中汲取一些生命教育相关的教学内容。最重要的是田径体育教师需要在工作中激发出对生命的激情，对工作的积极态度，只有确保自己的身心处于健康的状态，自己具备启发学生和教育学生的能力，才能够真正意义地实现，田径体育的教育才能够从肢体动作上去感染每一名学生，激发学生对田径体育运动项目的热情。

2. 确立新型的师生观，促进学生健康发展

（1）以人性化建立师生观。体育教师在具体的教学工作中要给予学生更多的关注，尤其是生命健康方面、安全与幸福方面，教师应该在教育工作中给予更多的包容，让学生能够理解田径课程与人类健康之间的相互作用，时刻关注每一名学生，在田径课程学习中的动态变化，以生命教育理念为核心，将人性化的师生观落实到田径课程教育工作中。

（2）以个性化建立师生观。每一位学生的生命都是独立存在的个体，具有完整性，也具有特殊性，其中包含的是学生的个人价值观、对学习的态度、对生活的态度等。在田径课程的教学过程中，需要构建出以个性化为主题的师生观，在这一观念中体育教师的作用是指导和引导，教师需要尊重每一名学生的个性化特征，在教学过程中需要针对不同学生提供不同的教学内容，时刻注重学生个性化差异的变化，对学生要做到因材施教，以此才能实现学生在田径课程中的全面发展。

（3）以发展性建立师生观。在日常的学习和实践过程中，教师需要给予学生公平公开以及平等的学习和参与机会。只有这样才能让学生得到全面的发展、健康的发展，为学生提供轻松的成长环境。现阶段学生在学习上的追求有所提高，其中涵盖的学习品质，学习态度，学习能动性以及生活方式等。

所以体育教师需要做到的是,将自己的知识领域逐渐弱化,在课程中要与学生积极地进行互动。还需要逐渐引导学生参与教学工作,无论是教学模式还是教学手段,都需要教师去引导学生,让学生参与教学组织工作,因此才能够培养出学生日后就业过程中的创新意识。

3. 将生命教育理念融入田径课程目标

在传统的田径课程教学中,教师注重的是学生的经济能力以及最终的学习成绩,并没有过多的关注学生通过田径类课程是否掌握了健身方面的技能以及田径课程,实践训练为学生带来的实际意义。在田径类课程内容中融入了生命教育理念之后,就等同于将健康第一的观念,快乐体育的思想与田径类课程内容相融合了。以此为教育前提,就需要教师在教学过程中将学生的生命健康作为教育的首要任务。生命的理想状态就是健康状态,这是一种美好的追求,那么教师在提高学生生存能力的同时,更重要的是塑造学生正确的三观,使其具有坚韧的思想以及勇敢的精神。

通过田径课程内容的实践以及野外拓展项目的训练,能够塑造出学生更强的抗压能力和抗挫折能力,让学生真正意识到生命的价值,使其在日后的生活与工作中不仅能够更好地享受生活,而且能够发现生活中的美,也能够更加热爱生命,最重要的是学生会因此而树立终身体育的思想。这样的融合不仅能够提升学生的整体素质,为学生的全面发展奠定基础,也能够丰富学生的精神层面,还能够以社会层面为核心突出生命教育的意义。在田径课程内容中,渗透生命教育理念是高校体育教学工作实现全面发展所必经的道路之一。

第三节 现代高校田径运动的训练理论

一、负荷理论

体育锻炼是运动训练的主要方面,训练与训练负荷密不可分。刺激身体的运动负荷,可以使身体反应灵敏,促进运动员身体机能和心理素质的改善。可以说,运动是引起身体变化、训练结果、提高运动效果的根本要素。没有压力就没有训练,没有消耗就没有增长。

在田径训练过程中，不同训练负荷的混合和混合因素可能会导致相同的体育训练方式产生不同的效果和训练效果。在运动员成长过程中的每一步训练过程中，不同的训练任务在结构、有效载荷和有效载荷方面都有不同的要求。随着目前的体育赛事越来越多，整体训练负荷的构成发生了质的显著变化。训练的变化特别是负荷的变化主要体现在负荷的强度上，这是最重要的方面，这些变化值得研究和讨论以获得更好的培训效果。

（一）运动负荷的度量

运动效果是训练负荷作用的结果，代表负荷对训练负荷的综合作用。在训练过程中，训练负荷是由训练的方法产生的，作为作用于运动员身体的媒介。仅根据负荷和体重强度来分析运动体重，并不能达到真正揭示运动体重特征的目的。对于大多数运动训练方法，也很难准确分析和测量。运动负荷的科学定义应包括定性和定量两个部分，在确定了定性训练的方法之后再进行定量，才能真正理解训练的方法。

1. 运动负荷的定量

训练负荷是距离、时间、频率等物理量度，一般综合起来反映一次训练的训练负荷。训练负荷的高低可以根据两个方面来确定："外部指标"和"内部指标"。"外在指标"是训练方法和方法中广泛使用的测量参数，"内部指标"是身体对完成的运动的反应。使用内部指标来评估负荷的大小，可以用各种指标来判断。由主要功能在训练结束时显示，例如在训练期间，运动的大小和类型、心率、呼吸频率、肺通气、需氧量、血液中乳酸的积累和速度等。此外，负荷的大小也可以通过工作能力的恢复来判断。

所有衡量训练负荷的指标只能部分反映负荷的定义，只有少数指标可以反映给定负荷的所有定性和定量数据。很有可能在多年前就应该考虑运动训练过程中的总体影响。准确、合理的负荷测量是科学教育的重要内容和特点。

2. 负荷量与强度的关系

运动负荷包括两个因素：负荷强度和负荷量。负荷强度反映上肢训练动作的刺激强度，负荷量反映训练负荷在很长一段时间内的练习次数。负荷量和负荷强度是训练中不可分割且相互关联的两个方面，两者相互依存、相互制约。相互依存反映了两者有机的、密不可分的联系，相互制约反映了人体发挥自身的特殊功能。增加负荷能力可以为增加强度奠定基础，并且增加强度可以为增加负荷创造条件,既互补,又不断增加。在之前的训练理论中,运动强度与体力活动之间的关系尚不清楚。这导致错误地将运动强度与运动分开,没有关注负荷的强度。片面的建议"强化动作训练",持续强化训练练习。

在当前田径运动的发展趋势中,强调的是运动强度,这个重点是核心。它还可以在高强度训练条件下进行,例如中长距离跑步。目前中长距离跑的稳定性已经到了极限,只有通过强调压力的强度才能更好地发挥跑步者的最大潜力。

(二)运动负荷的特点

田径运动是一个体能项目,提高身体素质有赖于充分展现运动员的身体潜力。现代竞技的特点越来越明显对抗性高,并且竞争密度高。这就要求运动员能够在高强度下连续战斗,持续战斗的能力很难提高。因此为了提高成绩,运动员需要进行高强度的运动。

现有运动训练方案最明显的特点是:重量的强度,尤其是增加负荷的特定强度。从热身到特殊练习再到体能训练,一切都是为了集中注意力。从注重负荷强度到重负荷、高强度训练,再到高强度专项训练法。运动负荷逐渐向高强度专业负荷的趋势发展。这种具有额外压力的高强度训练方式,在很大程度上符合现代田径运动的发展要求,即强度是训练的精神。

现有田径举重的特点是高强度的额外负荷。田径运动是对人体的适应,甚至结构性变化发展这种适应过程的先决条件是适当的锻炼设计。对于高个子运动员低质量训练的积累对提高运动效果几乎没有影响,只有增加负荷的高强度训练才能有效提高运动效果。

运动负荷的组成部分是负荷量和负荷强度。运动员的神经和肌肉会产生自然和自动的反应,重复这种负荷的刺激,多次让运动员逐渐适应。如果这种压力刺激在较长时间内多次发生,它就会形成一种适应性强且稳定的结构。在田径训练中,通过设计内容、方法和训练方法,让运动员在实战中获得所需的特定训练重量刺激。运动员会不断适应这种强度,逐渐做出适应性改变。结构稳定性和激烈或高强度的竞争,神经肌肉的适应性结构取决于竞争的强度和在竞争中的相应表现。

按照传统的训练规则,冬季训练涉及很多运动,但不是很激烈。在时间结束前的某个时刻,训练变得更加激烈,这种训练模式通常被视为一个级别。

比赛中的表现，主要依靠比赛间隔时间的短高强度训练。人类生物适应的改变需要时间，经过反复刺激后方可形成稳定的结构。

（三）合理管理训练负荷

合理管理训练负荷的目的是根据目标取得优异的成绩，在训练中要根据各项运动的特点来分配训练负荷。培训中选择的内容和压力负荷方法，对具体表现的提高和适当结果的实现有直接或间接的影响。

第一，了解运动员准确负重的能力。培训安排因人而异，在培训中工作的每个人都知道这一点。世界领先运动员的体重测量定制得到国际运动训练界的广泛认可。运动员的个人特征包括性别、年龄、比赛水平、身心特征、身体状况等，每个人的运动负荷都有不同的特点。

第二，了解负荷和休息之间的关系。在一定范围内，运动负荷越大，消耗越剧烈，恢复过程就越长，超量恢复也越明显。因此，运动负荷可以提高运动员的表现，了解训练中的关键时刻很重要。训练后，何时休息；疲劳时，何时调整，必须准确记录。

二、周期性训练理论

周期性训练理论出现后，这一理论成为东欧、亚洲和西欧许多国家田径实践的主导理论。周期性训练理论在体育理论和实践中占有重要地位，因而被我国教师和运动员广泛使用。

（一）周期训练的理论依据

运动训练周期理论实际上指导的是年度训练计划的安排。以负荷量和负荷强度、一般身体训练和专项训练，在不同训练周期安排、不同比例为特点，构成了周期训练理论，田径运动竞赛系统也带有明显的年度周期性特征。因此，人们通常以年度周期作为组织运动训练过程的基本单位。

每年的周期分为常规年和重大比赛年，取决于是否有奥运会、世锦赛等重大赛事；也可以细分为恢复训练年、基础训练年和年度改进训练年。定期培训的主要依据如下：

1. 比赛状态形成的规律

运动员的最佳动力状态是通过在每一个新的比赛水平上的持续训练而达到的。比赛状态的主要评价指标是比赛中的运动表现，更多的运动表现可以达到或接近运动表现的最高水平，比赛状态就越好。其周期性阶段是周期性划分的自然基础。发展的过程有三个交替的阶段：获取阶段、维持阶段（相对稳定期）和暂时消失期。训练周期因此分为三个阶段：①准备阶段——创造竞争状态；②比赛间隔——保持竞技状态，体现竞争力；③过渡期——保证活动性休息以保持特定的运动水平。

竞争状态的形成主要是通过控制训练过程来实现的，最佳竞技状态是指运动员为出色的运动表现做好准备的理想条件。运动员只有在比赛时间内达到最佳比赛条件，才能取得优异成绩，这也是运动训练的最终目的。大多数运动员良好的比赛条件表现在：恢复过程缩短；显著改善特殊活动所需的运动感；扎实的技术，动作精准协调，发力好，情绪高涨，比赛欲望高。当运动员的上述特征在一定时期内保持在较高水平时，那么就可以认为该运动员处于最佳竞技状态。

2. 竞赛项目日程的安排

科学、合理地安排和有效地控制运动训练过程，以使运动员创造优异的专项成绩，这是周期训练的目的。运动训练的根本目的是要在比赛中创造优异的专项运动效果，竞赛项目日程的安排对划分训练周期具有重要的参考价值。比赛计划会影响训练课程的具体持续时间，这个时间表决定了正式比赛日。因此，确定了组织培训时要考虑的时间间隔，并在全年的田径和野外训练中将其他训练课程的持续时间限制在一定程度上。比赛应根据重要性进行分类，并根据训练时间的性质进行分配，准备期间应具有明确的训练目的。

（二）周期训练的安排要点

每次体育赛事的举办，世界上的优秀运动员都会参加，这表明精英运动员的训练周期总是围绕着关键的比赛目标来组织的。比赛和训练结合以检验他们的训练结果，查找错误，在下一个培训课程中专注于培训，并在重要比赛中取得好成绩的同时，每一轮的训练内容也融入了比赛中。训练组合提高可以训练的相关性，并与下一轮建立良好的关系，有利于系统的、有节奏的和周期性的训练。

重点发展具体技能训练内容，无论是体能训练还是技术训练，它必须与特定项目的利基密切相关——训练与比赛相结合训练是为了比赛和训练提升比赛。比赛作为一种训练方法，可以增加特殊事件的强度。这将在接下来的比赛中显现出来。同时，应注意周期之间的收敛性。在进行年度培训时，会全面考虑一年中的不同阶段。

三、专门训练理论

在田径运动训练中，专门训练已经成为当今高水平运动员训练的趋势。尽管整个训练过程包括的内容、类别很多，但所有的训练都要以专项为中心，这也是当今高水平运动员训练的趋势。

（一）专门训练的理论依据

专门训练理论是指在运动训练中，所有的训练目标、任务、方法、手段和负荷等，均要求围绕专项竞赛来考虑和安排。专门训练是现代田径运动发展的必然趋势。现代高水平的田径竞赛，结果往往以微小的优势取胜，体现出紧张激烈的专项竞争对抗性特点。

1. 生物适应性规律

人体生物适应性规律是专门训练的理论基础，它决定了运动员在训练过程中的基本要求。根据适应规则采用特殊的训练方法，在训练过程中尽可能地组织训练。运动员将不断适应这种身体运动形式，逐渐对肌肉的适应性结构和满足其特定要求的稳定肌进行适应性改变。运动员在常规训练中未触发专项训练内容或训练时间不足，这种状态不会创建稳定的结构，也无法获得一致的竞争结果。因此，重要的是要密切关注训练，并根据比赛的需要创建可以在日常训练课程中进行调整的训练结构。

2. 运动生理学依据

从运动生理学角度对供能系统进行专业培训，培训的目标之一是提高人体自身供能系统进行特殊锻炼的能力。运动期间的整体速度和能量数量取决于所有特定项目的性质。最重要的是活动的强度和额外的时间。对于周期性项目运动员来说，在训练过程中特定技能、速度和强度保持不变的情况下，能量消耗保持稳定。

因此，只要训练强度、时间和肌肉活动模式在训练期间保持不变，生理和生化机制就保持不变。从生理学的角度来看，骨骼肌的收缩完全由控制它们的神经控制。随着运动的移动，神经肌肉连接也会发生变化。

(二)专门训练理论的确定

1. 专门训练的训练学因素

专项运动效果取决于专项运动速度,所以必须根据影响专项运动速度的关键因素来确定和认识采取的手段与方式是否符合专门训练的要求。运动员最后所获得力量或速度水平最终还得用到专项中去,因此训练中一定要考虑训练采用的手段是否有利于专项水平的提高。

2. 专门训练的能量供应特点

在田径赛等周期性运动项目中,经常以运动中的能量供应特点来确定是不是专门训练。激烈运动时身体的能量供给可分为三种类型:无氧能量供给、无氧和有氧能量混合供给、有氧能量供给。

不同的运动有不同的能量供应方式,运动中的供能并不是唯一方式。在激烈的 400 米和 800 米比赛中,大部分能源依赖糖的无氧酵解供能。除了为磷酸原系统提供能量外,因此提高 400 米和 800 米跑的运动效果对于提高运动员的糖酵解和身体代谢至关重要。提高糖和训练重量、训练次数、休息间隔和其他训练负荷组的无氧糖酵解能力密切关系。合理的负载搭配可以有效提高运动员的短期糖酵解供能,运动重量的具体组合取决于训练类型。

3. 肌肉工作与技术动作特征

在不同的运动中,特殊训练时肌肉的表现特征与特殊技术动作的特征不同,这是思考特殊训练的基础之一。特训必须与实战相结合,特殊训练的设计尽可能与特殊动作相匹配是非常重要的。动能训练既是一种训练方法,也是一种锻炼方法。

第四节 现代高校田径走跑、跳跃与投掷训练

一、走跑类运动

(一)走跑类运动的特点

1. 走类运动的特点

走类项目主要是指竞走,竞走运动强度中等,动作技术具有周期性的特点,

需要发展耐力素质，而对力量素质的要求不高。竞走运动的生理特点如下：

（1）运动性机能变化特点。

肌肉特点：竞走支撑时间长，肌肉长期处于兴奋状态。

易出现局部疲劳：肌肉紧张的持续时间长，易导致出现严重的局部疲劳。

（2）呼吸机能变化特点。

需氧量特点：竞走运动每分需氧量不超过 3.5 升，低于最大摄氧水平。

肺通气量特点：每分为 70～80 升。

氧处于稳定状态：竞走运动的需氧量低于最大摄氧水平，所以运动时氧处于稳定状态。

（3）心血管机能变化的特点。

心率特点：完成竞走运动后，脉搏可增至 150～180 次 / 分。

血压特点：竞走结束，收缩压可上升至 150～160 毫米汞柱，舒张压一般比安静时下降 10～20 毫米汞柱。

（4）中枢神经系统机能特点。兴奋的过程中肌肉长时间处于紧张状态，并向大脑发送大量反馈脉冲。这会触发皮层和运动中枢的感觉神经元，所以会有一个刺激的过程。均衡性与长跑和超长跑相比也有不同情况出现。

反应潜伏期缩短：因为神经过程的均衡性不高，所以竞走运动员反应潜伏期会缩短。

2. 跑类运动的特点

（1）短跑项目的生理特点。短跑属于动力性工作，其特点是速度快、强度大、持续时间短、动作周期性强。短跑运动主要是发展速度素质和爆发力素质，其竞技项目包括 100 米、200 米、400 米跑等。

第一，运动机能的特点：①肌肉的兴奋性和机能活动性提高；②肌肉时值缩短；③参与活动的对抗肌时值相互接近。

第二，中枢神经系统机能特点：①神经过程灵活性高；②神经细胞易疲劳；③运动中兴奋过程比抑制过程占优势。

第三，呼吸机能特点：①需氧大，短跑时，肌肉工作强度最大，需氧量大；②氧量高，短跑强度大，需氧量多；③呼吸机能变化特点，短跑时呼吸机能变化不大，而短跑完成后机能明显升高，呼吸频率增至 35 次 / 分，肺通气量可达 70～80 升 / 分。

第四，血液和循环机能变化特点：心血管机能在短跑时变化不明显，短跑后机能升高。

第五，能量代谢特点：相对能量的消耗大，短跑运动时间短，所以相对能量消耗大。

（2）中跑项目的生理特点。田径运动中跑类项目属于动力性工作，其动作有周期性，是次最大强度运动。田径竞技运动中，中跑包括男子500米、1500米、3000米项目，女子500米、1500米项目。

第一，呼吸机能变化特点：呼吸机能不能和运动机能同步进入工作状态，只有在1500米跑项目接近终点时，呼吸机能才可达到最高水平。

第二，心血管机能变化特点：中跑时，在跑程中植物性机能不能适应运动机能的要求，机能变化不能很快提高。1500米跑接近终点时，植物性机能变化才可达到最高水平。

第三，中枢神经系统的机能特点：①机能稳定性较高；②神经过程灵活性较高；③神经细胞疲劳产生较快。

第四，血乳酸的变化：中跑跑动中会缺氧，氧债不断增加，产生的乳酸也不断增多。

第五，代谢特点：运动供能以无氧代谢的乳酸系统供能为主，但也有有氧代谢供能。中跑总能量消耗约为125千卡以上。

（3）长跑项目的生理特点。长跑运动主要发展耐力素质，对力量素质要求不高；属于动力性工作，运动有周期性，大强度的运动。其项目包括5000米、10 000米等。

第一，呼吸机能变化特点。①肺通气量增至120～140升/分；②呼吸频率，可达50次/分左右；③氧量百分比约占总需氧量的15%～22%，相对比短跑、中跑都要低。

第二，心血管机能变化特点。①每分输出量可达30～35升/分；②心率可达200～220次/分；③每搏输出量可达120～180毫升；④血压收缩压可升高到150～180毫米汞柱，舒张压明显下降。

第三，中枢神经系统机能变化特点。①协调性高；②机能稳定性高；③控制运动单位轮流活动。

第四，血液成分变化的特点。①血碱贮备量可减少40%～50%；②血乳酸，由于跑程中氧债逐渐积累，尿乳酸也随之相应增加；③血糖含量有不同程度的降低。

(二)走跑类运动的训练

1. 走跑类运动的训练方法

（1）竞走的科学化训练方法。竞走是一项对技术要求较高的运动，因此竞走训练的安排应该贯穿训练过程始终。初学者在训练中应该注重对基本技术的把握，要完全遵循竞走的定义开展训练。竞走技术训练应该贯穿于多年和年度训练中，在提高运动效果的同时，还要持续做好技术水平的提升。基本技术掌握得越牢固，越能保持良好的竞技水平，进而在高强度的比赛中保证技术动作不走形。

（2）短跑的科学化训练方法。要想提升短跑运动效果，不仅需要全面提高身体素质，还要不断提高短跑的技术水平。短跑训练的一项重要任务就是不断改进和完善短跑技术。因此在全年的训练中，都应该安排短跑技术的训练内容。不仅要加强对短跑完整技术的训练，还要有针对性地开展关键技术训练，重点练习蹬地技术、蹬地与摆动协调技术、着地时的缓冲技术、送髋技术、脚掌末端发力技术等关键技术。

在短跑的技术训练中，一方面可以重点练习各环节之间的衔接技术，另一方面可以从完善摆动和蹬地的协调配合、改进步长和步频等方面加强训练。步长和步频是决定短跑速度的两项重要因素，高水平的短跑运动员都拥有大步长和高步频的竞技特点。在短跑运动中，步长和步频之间是相互依存的。通过简单地增加步长或步频，并不能提高短跑成绩。只有进行科学合理的训练，通过全面提升身体素质，改进短跑技术，才能使步长和步频协调发展，进而提升短跑成绩。

（3）中长跑的科学化训练方法。在中长跑科学化训练中，要通过利用科学合理的技术，将跑步中的体能消耗降到最低，使身体素质的作用发挥到最大。中长跑技术的练习，通常是通过进行大量跑来开展的。可以根据运动员的自身条件，有针对性地开展专门性的技术训练。例如，腿部技术的完善、灵敏协调性的提高和腿部力量的增强，可以通过小步跑、后蹬跑、高抬腿跑等专项训练得到实现。还有加速跑、跨步跑、蛙跳、同步跑等专项训练，都对中长跑技术的提高有所帮助。

另外，中长跑技术训练中还应该充分重视步长与步频的关系、呼吸和跑动的节奏、上下肢的协调、腾空和支撑的时间比例等。如果这些关系处理得当，就能提升中长跑技术水平，使跑动中的体能消耗降低。

(4)跨栏跑的科学化训练方法。跨栏跑的技术训练由两部分组成，即基本技术训练、完整技术训练。基本技术是最基础的技术，对基础技术训练的要求务必要更加严格，基本技术训练包括起跑至第一栏技术训练、落地支撑技术训练、跨栏步技术训练、跨栏节奏训练等。完整技术训练的内容包括起跑后提速的能力、跨和跑结合的能力、对全程节奏的把握等，它更加注重对运动员综合水平的培养。在跨栏跑技术训练中，可以通过设置不同强度的训练内容实现不同的训练效果。必要时，可以采取减低栏高、变更栏间距、提高栏间步数等训练方法，通过降低训练强度，提高运动员对技术的掌握速度。但是，只有认真、严格、细致、不间断的高强度训练，才能完善运动员的技术，提高运动员的竞技水平。

2. 走跑类运动训练的检查评定

运动训练的检查评定是检查训练效果的重要手段，它是训练工作的一个重要组成部分。检查评定的目的在于获取信息，而评定则是对信息价值的判断。作为一个教师无论是在某一训练周期开始前或训练过程中，还是在周期训练结束后，从运动员那里得到的反馈信息越多，在制订训练计划、安排训练内容、选择训练方法手段以及做出重要决策时，就能更好地避免主观判断的失误，更有效地组织训练实施和控制训练过程。通过对运动素质的测验不仅可以评价运动素质的综合发展水平、发展的均衡程度以及其与专项成绩相适应的程度，还能揭示不同运动素质与不同专项成绩之间的内在联系，进行训练手段的最佳化选择，建立不同专项运动员身体训练的模型。

二、跳跃类运动

（一）跳跃类运动的特点

田径运动竞赛项目中，跳跃类运动包括跳高、跳远、三级跳远和撑竿跳高等项目。"跳跃类项目属于速度力量性项群，随着运动员技术的不断完善，其体能水平往往是决定比赛成败的关键因素。"[①]跳跃类运动是混合性练习项目，其助跑阶段是周期性动作，踏跳、腾空等是非周期性动作。跳跃运动要求有良好的爆发力量、绝对速度、较好的弹跳性和柔韧性。

---

① 田金生. 跳跃类项目体能特征分析与训练[J]. 体育科技，2009，30（2）：38-40.

1. 中枢神经系统机能变化特点

跳跃运动的助跑对身体的影响多与短跑类似，加之跳跃部分属于灵敏项目，因为该项目运动神经的灵敏性高。

2. 感官机能的作用特点

（1）本体感觉的作用。头部在本体感觉中的位置对完成运动的非周期性部分起着重要作用，这是因为头部位置的变化会触发刺激，本体感受器和反射导致身体肌肉的张力分布并产生状态反应以确保完成移动。

（2）视觉的作用。跳跃训练之前和期间，起点、跳跃点和踏板之间的距离必须可见，并且必须适当考虑水平轴的高度、深度和左右位置，因此对距离和空间位置的视觉准确评估对于完成操作是必不可少的。

（3）位觉的作用。跳跃过程可以刺激前庭感受器，并且反射产生准确的反射和平滑的着陆反射。完成跳跃过程，同时提高前庭分析仪的稳定性。

3. 植物性机能变化特点

跳跃运动助跑距离短，跳跃动作时间短，而且每跳一次后有休息时间，所以各器官的机能变化不大。

（二）跳跃类运动的训练

1. 跳跃类运动的训练方法

（1）跳高运动的训练方法。进行跳高训练能够在一定程度上提高运动员的跳高成绩。想要获得科学合理的技术需要开展长期的练习，还要使用较为系统的训练方法，而且训练应该长期坚持，在训练初期主要涉及教学因素和训练因素，学习的重点是掌握一些基础的跳高技术，如主要环节的跳高技术。进行训练应该强调技术细节的改进以及整个节奏的完善，不断地提高跳高技术水平，从而获得更加优秀的成绩。在训练的过程中，不仅要严格遵守规范，还要结合训练，尽量让训练者形成自己的独特风格。此外，技术训练还要结合身体训练，尤其是技术细节方面的完善。使用的辅助手段、练习手段应该尽量简化，针对不同的细节逐一进行完善，如果改进的是完整技术，那么必须进行较多的完整技术练习，要深刻体会不同的速度、不同的用力情况下技术动作的变化，以此实现动作的完美。

（2）撑竿跳高的训练方法。撑竿跳高技术是非常复杂的，在进行训练的时候要特别注重撑竿跳高的训练，而且训练要求训练者要全面地发展自身的身体素质，投入较多的精力。撑竿跳高完整技术主要涉及的用力点有三个：①在插穴起跳中用力；②在后翻举腿过程中用力；③在引体、转体以及推竿的过程中用力。这三个用力是能否掌握完整技术的关键，因此技术训练应该主要围绕这三个用力点对动作进行分解练习，以此来保证动作的准确性。

撑竿跳高完整技术需要进行的练习强度很大，运动员应该在体力充沛且精神集中的情况下进行训练。在一节技术训练课程中，很难同时完成很多数量的练习，所以技术训练最好使用比较轻的撑杆，然后进行距离适中的助跑，以此来提高过杆跳跃的次数，使训练数量能够得到保证。在进行撑竿跳高技术训练的过程中，通常使用的方法是把动作进行分解，然后再结合动作进行完整训练。除了动作分解练习之外，还要进行动作完整基础练习。完整技术练习要让各个分解动作连接更加顺畅，以此来获得效果相对较好的整体跳跃节奏，撑竿跳高运动最关键的是训练者能否熟练地控制撑竿，如果能够熟练地控制撑竿，那么比较容易取得好的成绩。

（3）跳远的训练方法。跳远技术训练主要针对的是完整技术训练，同时进行辅助分解训练，训练时期以及对象的不同需要投入的时间也是不同的。如果是比赛时期，那么应该进行完整练习；如果主要是为了改进技术，那么应该进行分解练习，但是与此同时，也要进行相应的完整技术的配合练习；如果是掌握改进技术的阶段，那么应该进行长短不同的助跑练习；如果比较接近比赛，那么最好使用全程的助跑练习。此外，应该在运动员个人状态比较好的时候进行训练，而且要树立明确的训练目标，一节课中不宜针对过多的地方进行技术改进。

2. 跳跃类运动训练的检测评定

运动员的竞技能力状态的检测与评定是客观检查与评定制订训练计划的主要依据，它可以准确地把握运动员经过一段训练后的状态变化情况，从而正确评定训练工作的效果，有效地控制训练全过程的关键环节，达到控制多年训练全过程的目的。在青少年训练阶段，经常进行较全面的形态机能检查与评定，可及时掌握其生长发育成熟速度和程度，找出差距与薄弱环节，从而合理地调整训练手段与负荷。

三、投掷类运动

（一）投掷类运动的特点

"投掷类体育运动项目能综合反映运动员的身体力量，对于训练要求较高，如何在长期训练过程中强化运动员综合技能，受到运动教练的重视。"[①] 在田径运动中，投掷是一种力量和速度的练习。这需要爆发性的肌肉收缩，以及最大速度和最大力量的投掷设备，其中大部分需要肌肉力量和收缩速度。

第一，中枢神经系统机能变化特点。标枪运动员训练条件反射的反应潜伏期与跑步的反应潜伏期相似，并且激活过程与抑制过程相比与短跑运动员的过程相同；链球投掷者的神经平衡水平很高。

第二，运动器官特点。投掷和非投掷运动员的臂围存在显著差异，长时间的投掷增加了绝对力量和耐力，尤其是爆发力。

第三，感官机能的作用特点。投掷运动的结构复杂，在执行复杂运动时，视觉和前庭分析器发挥脉冲比例知觉的关键作用。投掷和投掷后身体平衡的快速旋转会刺激平衡器官，使平衡器官很好地适应刺激，增强平衡功能的稳定性。

第四，植物性机能变化。由于投掷类运动的单次训练时间很短，有充裕的休息时间，所以运动后植物性机能不会发生明显变化。脉搏增加到每分钟120～130次，收缩压升高1.33～4Kpa。与休息状态相比，投掷者的肺活量绝对值较高。

（二）投掷类运动的训练

1. 推铅球运动的训练

在投掷类运动中，重量级的机械中一定会有铅球的存在。在投掷铅球的过程中，运动员会受到投掷圈的限制，比如助跑阶段就会受到距离的限制。运动员想要将铅球推得足够远，就一定要提升自身的爆发力。这一爆发力主要体现在力量素质和快速力量爆发这两个方面，这也要求运动员要全面提高身体素质。提高力量素质会对运动员推铅球的结果产生决定性作用，因为这也是力量爆发程度的重要基础。腰背肌和小肌肉群是运动员锻炼过程中需要

[①] 张强. 论核心力量训练在投掷项目中的重要作用 [J]. 产业与科技论坛，2019, 18（5）：194-195.

着重注意的，运动员需要有意识地去快速使用这些肌肉群，这样有利于比赛中力量的爆发。不仅是这两个肌肉群要进行锻炼，而且全身的肌肉也要进行一定程度的锻炼。但力量训练不要过度，以免损伤身体机能，可以隔日进行一次。训练方式可以根据自身情况来安排，应该以提高推铅球能力为目标来进行锻炼。在练习中要注意自身的速度，同时锻炼自己的手脚协调能力和弹跳能力，还要增加重物的投掷练习。

2. 掷铁饼运动的训练

掷铁饼的完整技术是大幅度、快速旋转向前的圆运动，掷铁饼这个动作具有连贯性、可控性。为了完成投掷动作，铁饼运动员要保持强壮有力，手脚协调能力强，反应速度快。往往能做到这些的运动员都需要多年的训练。

铁饼运动员的锻炼，需要以提高自身投掷铁饼的能力为导向来。运动员们要注意自身肌肉全面均衡的发展，注意加强腰背肌和小肌肉群的训练。因为投掷铁饼运动过程中需要选手们运用自己的手部力量、胸臂力量以及下肢力量的支撑，所以在锻炼过程中，需要利用到器械来重点锻炼这些部位肌肉群的力量，而且要注意自身内脏器官的工作时间。如果需要减少多余内脏脂肪，那么运动员也要及时进行调整，因为内脏的工作时间也会对运动员的比赛状态造成一定的影响。特别是女子运动员，要注意自身的耐力锻炼。可以利用跑步一类的耐力训练来进行锻炼。所有的训练都是为了更好地比赛，比赛也是为了检验训练的成果，所以运动员可以根据自身比赛的状态来查漏补缺，看清楚自身所存在的问题，需要提高哪一方面的技术，边训练边打基础，边比赛边提高自身技术。

3. 掷标枪运动的训练

投掷标枪的运动本质上来说是一场速度和力量爆发的运动，需要运动员具有极高的协调能力和迅速的反应能力，对运动员的躯干、腰、髋的要求都是极高的。投掷标枪的过程中，对运动员下肢肌肉的收缩力和收缩速度也有着极高的要求。投掷标枪这一动作是大幅度的，需要肌肉群高度配合，要求运动员具备强有力的手腕柔韧性和肘关节协调性。为了掌握标枪投掷运动的技术要点，运动员需要不断提升自己的身体素质。

第五章　现代高校足球教学实践与训练

第一节　现代高校足球运动的特点与影响

一、现代高校足球运动的特点

（一）动作特点

体育能够塑造美、创造美、表现美，各种运动项目依靠优美、细腻、柔韧、精巧、刚健、雄劲、明快、敏捷的各种动作组合来展现人体美学。在运动过程中，人的形体或部位的造型所展现的美就是动作美。其特点在于准确、干净、协调、连贯、敏捷、舒展而富有节奏，给人以完美无瑕的感觉。运动中各种动作都具有时间、空间、力度三要素，一般用运动轨迹表示其线路的空间特征，用速度表示其时间特征。体现动作美需要熟练掌握动作技能，熟悉动作的方向、路线、速度、幅度、强度和结构原理，这样才能使动作精确、协调而灵活。

在运动比赛中，运动员动作美是观赏的重要方面，对于足球运动而言，其动作技巧复杂多样，运动员在做各种动作的过程中，会充分地展示动作之美。

"作为世界第一大运动，足球运动有着其独特的魅力，故而其在世界范围内都有着极广的普及性和流行性。"[①]在足球运动比赛中，有很多高难度的动作复杂而细腻，需要运动员能够熟练地运用双脚，通过熟练运用双脚来完成各种复杂的动作技术。足球运动在一定程度上其难度要高于其他球类，主要是因为各种技术动作大都需要通过脚来完成。另外，足球运动员也会用到身体的其他部位来接球、顶球等，使用的身体部位要比其他运动更加丰富。足球运动五个基本功为停、传、过、带、射，而每一样动作学习容易，但是

---

① 武斌．关于高校足球运动项目开展的现状与分析［J］．当代体育科技，2018，8（11）：136，138.

要熟练掌握、灵活运用则很难。很多足球运动技术动作将力量与技术、粗野的对抗和细腻的用力完美地结合在一起，使得野性的力量和精美的艺术相统一，满足了人们的各种心理需求。

（二）技战术特点

1. 技术特点

各种运动都有一定的科学性要求，这主要表现在其各种技术方面；而各种运动比赛还对艺术性有一定的要求，主要表现为技术动作的美。足球运动技术处在不停地发展更新之中，这种更新和发展受到人们的审美意识的影响，这就使得人们创新技术的同时，也考虑了人们的审美意识。足球运动的技术美既要符合运动的规律，又要减少身体的消耗，创造良好的运动成绩。

足球运动技术的动作美是人体美和动作美的统一，其需要运动员具有良好的协调性、平衡性和节奏感。在做各种技术的过程中，技术美将人的本质力量充分地展现了出来，使人们感受到足球运动的魅力，为其技术之美赞叹。虽然不同的运动会有不同的技术，但是其技术动作都在一定程度上展现了不同风格的美。

2. 战术特点

足球运动的战术是人们在观看足球运动比赛时欣赏的重要方面。通过合理地布置和执行战术，运动员的素质和技术特点能够得到充分的发挥。

足球战术是足球运动员根据场上的变化合理运用技术所采取的有组织、有目的的预见性的行动。足球运动的竞争和对抗较为激烈，这就要求运动员要能够熟练地应用各种战术，根据对方的战术布置进行灵活的应变，这是夺得比赛胜利的重要基础。足球运动的战术水平是其知识、技术、心理和智力素质的综合反映。在一些集体性项目中，如足球、篮球和排球等，队员之间的战术配合显得更为重要。

战术是运动员的素质和技术的综合反映，在足球比赛过程中，要想组织和运用相应的战术，则足球运动员必须具有相应的身体素质基础和技术基础。通过相应的战术配合，使得运动员的技术能够得到良好的发挥。

足球战术较为灵活多变，在运用各种战术时应注重扬长避短，通过对自身和对方的战术特点进行对比，然后正确地调配力量，通过巧妙的战术赢得比赛的胜利。

二、现代高校足球运动的影响

"足球作为体育运动中最为常见的运动项目之一,可以有效地提高学生的身体素质,放松学生的心情,在提高学生身体素质的同时对学生的思想产生积极的影响,在足球运动过程培养学生的团队精神,促进学生的综合发展。"[①]

(一)对学生身体素质的影响

身体素质是指机体在运动中表现出来的运动能力,通常包括速度、力量、耐力、柔韧和灵敏,这是体能的外在表现,也是身体训练的基本内容。学生参加足球运动,可以促使自身的体能全面提高。

一般情况下,身体素质是指人体在开展活动时所必须具备的一定能力,这是人体任何一个器官机能在肌肉从事工作的具体工作中的具体表现以及呈现。

作为体质的重要构成部分之一,身体素质可以将人体体质的好坏与否直接呈现出来。身体素质是一个综合性词汇,与多种因素之间具有密切联系,例如体型、体格、机能、神经反应和心理等。研究证实,身体素质不仅受先天因素的影响,即与遗传有一定联系,也就是说父母身体素质的好坏会在一定程度上对孩子产生一定影响;还和后天努力存在一定联系,即人的身体素质具有十分显著的可塑性,学生可以借助于后天科学的营养膳食、训练计划来逐步提升个人各方面的身体素质。

1. 对速度素质的影响

速度素质是指人体快速运动的能力,具体又可分为反应速度、动作速度、移动速度和速度耐力。

反应速度是指人体受外界各种刺激后所做出反应的快慢,如学生在足球场上根据球的不断运动变化而做出反应的快慢。

动作速度是指人体完成某一动作的快慢,动作速度受先天影响,但可以通过后天训练得到很大的提高,当然要使带球过人动作做得熟练,还和身体的柔韧、灵敏等素质有关。

移动速度是指单位时间内机体移动的位移距离。足球运动是非周期性的运动项目,学生在球场上各种位移速度、身体姿势和运动方向每时每刻都在

[①] 陈恒兴,周楚竣,刘春.对我国高校足球运动推广的反思[J].体育科技文献通报,2021,29(8):59,95.

变化，但只要有位移就离不开步频和步长，步频和步长决定场上队员的位移距离。

速度耐力是指在某段时间和一定距离（5～30米）内反复跑动保持应有速度的能力。学生在足球场上的移动是多变的，有起动和急停，跑动方向反复无常，同时又要做各种踢球、运球等技术动作。因此，速度耐力除了与耐力有一定关联外，更主要的是与反应速度、动作速度、移动速度密切相关。

2. 对力量素质的影响

力量素质是指为对抗阻力的骨骼肌收缩能力，根据运动时肌肉的收缩形式的不同，力量素质可分为静力性力量和动力性力量，动力性力量又可分为速度性力量和力量耐力。

速度性力量俗称爆发力，以踢球时的技术动作为例，虽然踢球时髋关节和下肢运动形成肌肉协调用力很复杂，但就脚背射门而言，伸膝能力（股四头肌动力性力量）与球速间存在高度的相关性。学生通过足球场上的奋力拼搏，会使全身的肌肉收缩力量和协调收缩能力得到提高，与对手靠近控制球时需要用腿、腰腹力量挤靠；当争抢球权时则需要用腿、腰腹、肩部力量进行合理冲撞；在有球或无球进行快速起动超越对手时需要大腿后肌群的力量来用力蹬地；当要在快速奔跑中急停时需要用大腿股四头肌、膝关节和踝关节周围肌群的力量来制动；在学生抢、截球时倒地和马上起身时，要用脚踝肌群强有力的蹬地来完成；在跳起争抢头球时，则需要用腿部、腹部、颈部等全身的肌肉来协调用力；大力掷界外球时，需要用上、下肢和腰腹肌肉协调用力完成。

力量耐力是指机体肌肉长时间工作克服疲劳的能力，常规的一场足球比赛下来，球员不但在场上要跑动几千米的距离，还要在快速奔跑中完成各种传球、射门、控制球、争抢球、跑位的动作，这既要求有力量支撑去做，又需要有耐力来维持完成，从某种意义上来说，更偏重耐力素质。

学生平时要注意身体力量的练习，而且是全身性（不仅仅是下肢）的，尤其注意腰腹力量（核心力量）的练习，强大的腰腹力量是获得爆发力的基础，也是使腿部力量以充分发挥的保障。发展肌肉力量，通常以负重和徒手的方法进行，要获得较好的练习效果，需要进行一定的组数和次数练习。常用的力量练习方法有俯卧撑（或斜卧撑）、引体向上、仰卧起坐、仰卧两头起、高抬腿、后蹬跑、连续蛙跳、跳绳、连续跳障碍物（栏架、跳箱、人背）、负重蹲和跑（可以背人）、负重提踵。

3. 对耐力素质的影响

耐力素质是指学生在球场上运动所克服疲劳的能力，又可分为短时间耐力（无氧耐力）和长时间耐力（有氧耐力）。学生完成一场足球比赛，可能需要移动5000米以上的距离，职业运动员会达到8000米以上，而且在激烈对抗中，还要快速完成各种技术动作和战术行为，因此需要具备较高的耐力水平。

有氧耐力指队员摄氧、输氧和用氧时所具备的耐久力，表现在场上就是中、小强度的跑动能力，包括冲刺、慢跑和走动。良好的有氧耐力不仅能充分氧化体内的糖原等能量物质，源源不断地提供肌肉工作的能源（ATP），而且通过以强有力心肌收缩为主的心血管系统，可以较快地消除非乳酸性和乳酸性引起的氧债，所以有氧能力的本质就是心肌的收缩能力，即心输出量和最大摄氧量。氧摄入量与氧供应量之间要达到平衡，一般情况下需2～5分钟达到这一状态——稳态，此时，学生也可以认识到热身运动对提高运动能力、减少剧烈运动中生理不良反应的重要性。

无氧耐力是以有氧耐力为基础的，指无氧代谢时队员具有的肌肉活动耐久力，无氧能力取决于肌肉内能量物质（ATP和CP）的储备，无氧时动用能量储备的能力、进行代谢过程时中和酸性反应的能力，以及血液中乳酸堆积时，肌肉仍旧正常工作的能力。在足球场完成各类进攻和防守时所采取的技术、战术行为，能提高肌肉长时间工作的能力；在进攻和防守时为完成各种无球动作的战术行动，会提高肌肉长时间下反复跑动的能力。学生在球场上进行短时间内最大强度运动（无氧运动）后，必须换以中小强度运动（有氧运动）来间歇，以恢复肌肉群有再次大强度能量供给的能力。

耐力素质的提高可以通过长距离（3000米以上）越野跑、长时间（20分钟以上）跑等练习，但要注意速度素质的相克性，因此，可以结合足球的专项练习来提高耐力，如进行"传接球""运传球"等训练。

4. 对柔韧素质的影响

柔韧素质是指人体各个关节活动幅度的大小和肌肉、韧带伸展的能力。学生在踢球比赛时，往往会做一些速度快、用力猛而且幅度大的动作，如抬脚到较高位置去接空中球、凌空倒钩球或者突然体位变化倒地铲球等。此时，对身体柔韧性提出了一定的要求。良好的柔韧性便于运动员掌握技术动作和提高技术运动的难度，使身体动作（包括重心平衡）更加协调、舒展、优美，同时还可以减少或者避免身体的受伤，减轻肌肉酸痛、改善体态，能为机体组织提供较多的营养物质。因此，柔韧素质不但在健美操、舞蹈等运动项目上要引起足够的重视，在足球运动中也要重视。值得一提的是，柔韧性与灵敏性密切相关，灵敏性通常被理解为突然改变运动方向的能力。

处在大学阶段的学生，身体柔韧性已逐渐下降，为保持或者提高柔韧性，应进行经常性的专门练习。如果坚持每天系统的练习，柔韧性会很快提高。

学生在参加足球比赛时，无论采用的技术战术水平简单或复杂，也无论表现的程度是精彩还是平淡，都是通过身体活动形式表现出来的，技战术实施过程中所融入的身体素质却不会孤立存在，而是相互联系和相互制约的，体现了交融性、模糊性和互辅性。

学生身体素质应该得到全面发展和提高，在此基础上再突出重点和强项。大学生跟少年儿童不同，在发展一般身体素质的同时，还应积极加强足球运动的专项身体素质练习，侧重发展爆发力、耐力等身体素质的训练。

学生在提高身体素质的时候，还要遵循身体素质间的转移规律，当然有良好转移和不良转移之分。良好转移指发展某一素质时会促进另一素质的发展，如发展动力性力量（爆发力），会促进速度素质提高；发展柔韧素质，可使身体的协调能力提高，通过下肢柔韧性加大，步长增大，会使位移速度提高。在发展肌肉力量之前，应先发展关节的柔韧性，伸展练习可以加强肌肉的行为能力。当然，某一素质的发展也可能会抑制另一素质的发展，如果过多地发展耐力素质，会导致速度素质的下降或者停滞。

总之，学生积极地参与足球运动，能够提高身体素质。足球场上的拼搏，会使学生跑得更快，跳得更高，踢球更有力，在提高起动速度、带球速度的同时，也有了力量素质、速度素质等运动素质的协调发展。

（二）对社会适应能力的影响

1. 对学生社会价值观的影响

（1）有助于学生培养合作和沟通的能力。足球运动是带有社会性质的团队游戏，场上队员应该有各自的明确分工，前锋不能像后卫一样防守，守门员不能跟其他队员一样随便跑动，甚至后卫之间的职责也不一样；也不能单兵作战来完成进攻或者防守的任务，这就需要在场上的队员们进行相互间的交流。如果不交流就得不到沟通，特别是相互间的心理障碍不能得到及时消除，队员们的合作基础就很脆弱，获得场上战术的成功实施就非常困难。只有通过必要的对话和合适的身体语言沟通，才会在相互间的技术配合上，在心理过程的可接受性上产生良好的效果，自然地也就形成了场上的比赛合作，这种合作就是凝聚力。

球队的凝聚力一旦形成，那么这个团队就会在场上争取主动，赢得比赛控制权，最终凭借清晰的进攻和防守路线获得成功。球员在场上可以用语言进行沟通，通过声音大小、语调高低来调节，也可以用脸部表情和眼神所传递的信息来沟通，但往往更多的是直接通过身体语言来传达信息，传球是场上最好的沟通方式，球员时常会在一系列连续传球之后，与同伴产生心有灵犀的感觉。足球场上同伴间以及队员跟教练间，不仅需要朴素的语言和非语言的交流技巧，还要提高利用现代技术进行沟通和交流的能力，通过传递和接受信息，使球员对足球运动规律和自己在场上的任务理解得更透彻，以形成球队和谐的人际关系，这种关系就像是强力凝固剂，把球员紧紧地团结在一起，形成非凡的战斗力。

（2）有助于学生培养组织和领导能力。足球运动是一项社会性的团队游戏，由此，就有组织者和领导者的存在，充当这个角色的可以是主帅——教练、队长，也可以是进攻组织者——前锋，或者是防守组织者——中后卫，当然还包括守门员，他也可以成为场上的组织者。

组织者在场上要把不同智力、不同背景、不同爱好、不同身体素质、不同技术风格的队员组合在一起，形成一致的、有统一目标的行动，其所具有的首要条件就是良好的交流沟通技巧。但这还不够，组织者还必须有领导的艺术和指导的风范，具体表现在性格上，要耐心、随和、善解人意、意志坚定、处事公正和果敢。组织者还要注重自身的公众形象，有良好的交流技巧，很愿意倾听同伴们的心声，并发自内心地热爱足球运动和场上的同伴；要以"场上队员为中心"，为了他们的需要，能自觉不断提高知识水平和足球的技能，用榜样的力量和表率的作用来引导自己的组织对象，最终通过影响他人来实现组织者本人的战术意图；要有自己的思想和风格，一旦目标确定，不但要及时地传达给场上队员，而且还要传达坚定实施的信念，只有这样才会使既定的战术意图坚决地得以施行，形成整个团队的自信。

2. 对社会行为的影响

（1）对学生的社会行为具有示范作用。球员在足球场上的各个位置，都有自己的专门角色及打法，技术水平越高，战术配合也越讲究，其各角色的特征就更鲜明。足球运动对每位球员的要求不尽相同，大致有 4 个分工，即守门员、中后卫、前卫和边锋。

守门员在冲出 15 米开外拦截一个单刀球时，要有敏捷的速度和果敢的决策；如果要防守对方的角球，则需要用舒展的动作和冷静的头脑把球控制住或者破坏掉。

中后卫在场上要有速度的优势，才能胜任及时补位和截断对手传球的需要，同时也要具备很好的弹跳能力，破坏对方频繁对本方球门的吊球。防守型前卫要求有较好的耐力，除了承担防守的任务外，在抢回控球权后，还得马上组织起有效的进攻，对体力是严峻的考验。

前卫往往是全队的灵魂和主心骨，有时要根据场上情况，找准机会迅速压上，而且还要有长距离突放冷射的过硬本领。

司职边锋的队员既要有速度，也要有耐力，边锋的首要任务是进攻，往往带球突破后下底传中，这是他们的绝活。

足球场上每个人都有自己的角色，而且担当特定的角色是有一定要求的，也就是说在场上要有过硬的本领。各个角色在场上是一个整体，例如，进攻时前锋是主角，防守时主角就是后卫了，但无论进攻还是防守，都不能唱独角戏，需要大合唱，形成整体方能实现最大化的场上竞争力。各个角色是可以转化的，只有在特定的角色上做出了进攻或者防守的动作，才是有实际意义的行为，队员可以当前锋，也可以当后卫，有时候场上守门员还可以操刀主罚点球和任意球，这就要根据场上需要，以及队员的适应性而定。

人们一个群体里，既要做好自己角色分内的事，又要和其他角色很好地合作共事，有时候还需要通过角色的转化，来改变团队结构，使团队实力更强，或者适应性更强。足球场上的角色分工和角色转化，以及各角色的合作体验，有助于学生走上社会后，更好地融入群体和集体，把握好自身做人的角色。

（2）对学生的社会行为的约束作用。足球运动场上比赛双方为获胜而调动一切竞技因素进行激烈竞赛，是其他运动项目所不及的。一方面我们鼓励球员在足球场上奋力拼搏、勇于进取，另一方面我们又强调指出球员在球场上要进行正当的竞争。尽管为了场上的取胜要采取各式各样的战术，同时也会有直接的身体接触和对抗，但必须首先遵守比赛规则，崇尚体育道德。在场上可以允许技术犯规，我们理解为由于动作失误造成，但要避免侵人的犯规，更不能进行故意的侵人犯规（包括对裁判员）。

球员在场上比赛时，各种技术、战术运用的动机要纯洁，除了为取胜外，还要尊重对方，尊重场外观众，这样所取得的胜利才算光明正大，体育比赛本身就是一个公开、公平竞争最好的写照。

总之，足球场上的胜利不是靠粗野的动作和肆无忌惮的犯规赢得的，而是靠合理的拼抢、娴熟的技术动作、机智的战术以及文明的行为争取的。因此，球员通过足球运动能使自身的行为规范有所约束，在日后走上社会，参与各种激烈的竞争，不但要做到勇于竞争，而且还要遵守"游戏规则"，善于进行竞争。

3. 对学生现代生活方式的影响

足球运动拥有世界第一运动的美誉，容易被人们垂青，运动本身的强竞技性是其引人注目的最主要因素，对学生而言，足球运动最基本的作用还是作为强身健体的平台，同时通过这个平台来沟通学生之间的情感，理解做人的道理。

学生在校期间有同学、伙伴和运动场，可以尽兴地去踢足球，但工作以后，特别是随着年龄增大，由于客观条件的限制，大部分人可能不会去踢足球，但生活之余，通过品味比赛，可以理解足球运动带来的无穷无尽的惊奇和风险。足球运动能使场上队员斗志昂扬，勇往直前，也会使观众为比赛状况的跌宕起伏而热泪盈眶、热血澎湃、精神振奋，在现代人辛勤的工作和平淡的生活之余，增添一些亮色。

第二节 现代高校足球运动的教学实践

一、现代高校足球运动教学的任务

（一）培养学生欣赏足球运动的能力

足球运动能够锻炼人的身心，提高人的综合素质，大学生应当具有欣赏和参与足球运动的能力。在参与足球运动过程中，大学生能够加强对足球运动的认识，获得足球运动方面的理论知识和运动技能，提高运动能力，增强身体素质，从而对足球运动产生兴趣，进一步增强参加足球运动的意识。同时，也有助于引导大学生走出教室，走到户外，开阔视野，拓展自身的知识结构，完善大学生的人格发展。

要想培养大学生这方面的能力,可以根据现代足球运动发展朝着"全面、快速、娴熟、简练"等方向发展的趋势,高校在开展足球运动教学时,要充分考虑大学生的身心发展特点,结合大学生的需求和身心发展状态来设计足球教学内容,并且在设计足球教学活动时要以激发学生的兴趣和动力为前提,帮助学生循序渐进地学习掌握足球活动。

(二)促进德、智、美的综合发展

1. 足球教学的德育任务

足球教学不只是培养学生的体育训练技能,它还承担了学校的德育任务,因此在足球教学过程中,教师教学要体现德育的要求。

(1)足球教学要形成严格的组织纪律,规范足球教学的技术操作,完善足球训练规则并予以遵守,使学生在足球学习中融入训练集体,在集体中发挥出自己的作用,正确处理好个人与集体的关系,个人要服从于集体的要求,同时集体要尽量保全个人的才能,使个人在集体中充分发挥出自己的才能,每个人要互相配合,具有集体意识,形成强有力的集体力量。

(2)在足球教学过程中,要想激发学生取得足球比赛中的胜利,教师要引导学生形成集体意识和相互配合协作的能力。因此在足球教学过程中,教师要引导学生关注集体,热爱集体,形成集体荣誉感和成就感,鼓励学生集体行动,以积极的态度参加足球训练。

(3)在足球教学过程中,要建立明确的规则要求,帮助学生形成积极正确的足球训练意识。在足球学习时要尊重教师,正确看待共同竞争的对手,与集体中的伙伴团结友爱,形成积极的体育训练意识。相反,如果学习者在足球学习过程中,不遵守训练规则,同伴间互相疏离、各行其是,对手间互相排斥、敌对,师生间缺乏尊重爱戴,那么就会造成狭隘的个人主义,长期下去也会阻碍足球训练者的提升与发展,也会对体育精神造成损伤。

2. 足球教学的智育任务

足球教学不仅承担着德育任务,它还具有智育任务,智育任务具体来说,主要包括注意力、观察力、思维力以及分析判断能力等几项智力能力,智力的发展是以具备一个健康的身体为前提的,强健的体魄能够为智力因素的发展提供物质基础。同时智力发展对学生的身心健康发展具有重要影响作用,大学生是国家未来的发展动力,高校要想更好地培养各项素质全面发展的大学生,理应在学习足球运动时,在足球教学中融入智育内容。在体育课中教授学生足球运动的相关技能和理论知识,将会有力地增强学生的综合素质,推动其全面发展。足球教学的智育任务主要表现如下:

(1) 培养学生的观察力。开展足球教学可以培养学生的观察力,在进行足球运动时,需要参与者具备很敏捷的快速反应能力,能够根据对手的动作准确判断出对手将要采取的措施。因此,在足球学习过程中,学生往往要注意观察教师做出的示范和要求,形成正确的动作规范,集中注意力,在丰富多变的运动场上镇定发挥。

(2) 训练学生的记忆力。足球教学通常是在室外的体育场中进行,从而为学生提供充分的实践锻炼机会,这也使得学生在足球学习时要迅速记忆并掌握教师讲解的理论知识和动作示范等,以便在自身实践操作时能够顺利进行下去。学生在实践时需要融合教师讲解的知识并加以练习、融合发展,提高动作的连贯性,因此,参与者敏捷的反应力一部分也来源于他们良好的记忆力,良好的记忆力使得参与者能够准确掌握体育各项技能的操作规范,在体育比赛中充分发挥出来。足球运动是一项要求良好的连贯性的运动,需要各个动作协调统一、相互配合,将各个关节连贯组合起来,如果其中某个环节出现问题或者失误,将会造成整个足球战术出现问题,最终可能导致比赛的失败。因此,良好的记忆能力是学生学习足球运动应当具备的重要技能。

(3) 开发学生的想象力。足球运动同样需要开发学生的想象力,想象力对学生在足球学习过程中感知、记忆、模仿运动技能具有重要作用,帮助学生不断体验足球运动中的技术动作和战术安排。在足球比赛中不仅仅需要参与者具有高超的运动技能,整个过程中在贯穿着想象的因素,开展足球运动,可以激发学生的想象力,增强运动活力,丰富比赛场上的表现。

(4) 提高学生的思维力。人的大脑分为左右脑两个部分,并且左右脑各有不同的分工,左脑处理一些理性的、数字化的信息,属于理性思维;右脑更偏向于处理一些情感、图像等感性的信息。高校的大学生在学习足球运动时,需要协调运用左右脑两个部分,培养良好的思维能力。这主要表现在以下两个方面:

第一,在足球训练中,学生往往处于较为激烈的环境,需要在当下快速作出反应,应对对手即时性的动作,因此就需要学生培养出敏捷的反应能力和良好的思维能力,在复杂激烈的环境中,迅速且准确地判断出场地上的情况,果断做出反应，赢得比赛的胜利，长期下去能够非常有效地提高学生的思维能力。

第二，由于足球比赛是一个多个个体互相协作配合的过程，比赛过程非常复杂多变，竞争双方随时要根据情况做出调整、变化，参与者要有及时调整、改变战术的能力，因此在进行足球教学时就要注重对学生思维能力的培养。

3. 足球教学的美育任务

足球教学是体育教学的一部分，体育是人体美的一种表现，是对人体美的挖掘和赞扬。可见足球教学同样也承担着美育的任务，这一美育的任务主要包括运动美、健康美和意志品质美等。具体来说，技术美是参与者在足球比赛中巧妙运用战略、战术，协调配合过程中体现出来的美感，是足球比赛中参与者恰当运用体育动作、技能，充分展示人的力量的美感。在这一过程中，人们会赞叹人的力量之美、动作之美和技术战术之美，并将这种美作为体育精神的一部分传承下去。健康美也是人体表现出的美感，是人体最基本的美；意志品质美体现在足球比赛中贯彻的原则和精神，比如遵守比赛中的各项规则、对足球运动的尊重和热爱等。

（1）培养学生美的感受能力。美是人类所共同追求的事物，美具有艺术感染力，足球教学教会了学生欣赏足球运动的各种美感，引导学生正确看待体育运动的美好，激励学生追求足球运动之美，夯筑学生形成正确的审美情趣、获得美的享受，增强学生对体育美的热爱与追求。

（2）培养学生美的鉴赏能力。高校在开展足球教学时，应当在教授足球相关技能时，增加对学生美学方面的教学与培养，让学生掌握系统的、科学的足球运动技能，培养学生理解足球运动的能力，并进而能够欣赏足球运动的美感，对足球运动之美加以鉴赏，感受其中的巧妙、卓越。

（3）培养学生美的表现能力和创造能力。足球教学不仅要培养学生感受其中的美感，鉴赏它的巧妙与优美之处，还要鼓励、引导学生将这种审美情趣转而由学生自身表现出来，反作用于足球运动，创造出更加精彩的足球表现。比如，可以将这种审美情趣转移到培养学生强健的体魄，锻炼学生健美的身体，提高学生对美的感知能力，激发学生进一步创造发展，提高学生的自身素质，培养他们形成热爱美、鉴赏美、表现美的能力，增强其自身创造力。

二、现代高校足球运动教学的要求

（一）综合性与实战性相结合

高校开展足球教学时，要做到综合性和实战性相结合的原则，综合性即要求学生在学习足球时要将教师所讲解的足球知识、技能、自身的身体素质、心理素质、智力能力等综合运用起来，达到融合发展的程度，为学生参加足球实战比赛打好基础，增强实战练习的能力。这种将综合性与实战性相结合的教学方法具体体现在以下方面：

第一，技术与技术合理搭配。高校在开展足球教学时，要合理搭配技术与技术之间的关系，做到连贯学习的技术之间相互联系、具有密切的关联和辅助作用。并且要根据学生的接受水平和已有能力合理地规划学习内容。

第二，技术与意识的结合。教师在讲解足球技术时要注重对学生足球意识的培养，帮助学生形成正确的足球意识，教师也要合理地安排足球教学环节和内容，顺应足球教学的规律，提高学生对足球技术的应用能力，使技术和意识进行良好的结合。

第三，技术与对抗能力的结合。足球教学可以让学生具备良好的对抗能力，对抗能力是保证足球运动顺利进行的基础，因此教师在足球运动教学时要适当地对学生进行对抗能力的培养，通过增强学生的对抗能力，促进足球技术手段与对抗能力的结合。

第四，技术与身体素质结合。教师在开展足球教学时，需要考虑学生的身体素质。良好的身体素质是开展足球训练的基础，如果学生本身身体素质一般，教师一味高强度地给学生进行施压，那么势必会造成学生难以承受压力，足球学习效果不佳，甚至产生损伤身体的后果。因此，教师在开展足球教学时要科学合理地规划教学内容，妥善安排教学的课时量、强度、每课时长等要素，使足球战术训练与身体素质培养相结合。

第五，在模拟实战中练习技术。当足球技术训练达到一定程度之后，教师要组织学生参加实战训练，让学生在实战的模拟环境中，体会真实足球比赛的过程，提高学生应对实战的能力，避免在实际比赛中出现不适应、失常发挥等状况。

（二）循序渐进与系统性相结合

高校要想顺利开展足球教学，就需要把握高校足球运动教学的要求，顺应足球教学的规律。教师开展足球教学时,要根据教学内容的难易程度,按照由易到难的顺序进行教学,并且要考虑学生的身心发展特点,对于不同训练项目进行难度分类,并根据训练项目的类型设计不同的训练方法,对学生分周期、分阶段、按部就班地开展教学,教师也要注意帮助学生衔接好不同阶段的内容,使学生循序渐进又连贯地掌握好足球训练内容。

(三)感觉、思维与实践相结合

足球运动需要多方共同配合,综合调动各方力量来形成默契,共同赢得比赛。从参与者的个体来说,需要参与者调动自身身体技能的各个方面,比如听觉、视觉、思维、操作动作等,来协调配合,灵活应对比赛场上的各种状况,做出机智、合理的判断。因此,在教学时教师也应从以下方面着手:

第一,利用多种直观感觉手段。足球运动是注重实践操作的一项运动,很多教学内容单靠语言讲述难以准确形象地表达出它的含义,因此教师在运用语言进行讲解的同时,要充分借助于各种多媒体技术设备,通过图片、视频、影片、比赛录像等媒介来展示足球运动中的动作技能和手段,帮助学生以直观形象的方式感知足球教学内容,更好地理解足球训练动作和技能。

第二,运用直观感觉手段要有针对性。高校足球教学面对的是大学生这一群体,因此教师要充分考虑大学生的各项要素,体现出针对性,比如学生的性别、年龄、学习目的、身体素质、理解能力等各项要素都对学生学习足球运动具有重要影响。不同个体之间具有个体差异性,教师要尊重个体之间的差异性,因材施教,采用针对性的手段对不同学生开展足球教学,比如对于技术水平较低的学生,教师要多通过动作示范、图片等直观形象的方式帮助学生掌握运动技能;对于技术水平较高,理解能力较好的学生,教师可以适当地增加训练难度,多运用语言为学生讲解运动技能,引导学生学习更深层次的足球技能。

第三,正确处理感觉、思维与实践的关系。教师在进行足球教学时一方面要巧妙运用直观教学方式帮助学生准确掌握足球运动技能,另一方面要引导学生正确处理好感觉、思维与实践的关系。学生在进行足球学习时,最开始需要观看教师做出的动作示范,然后进行模仿、重复,接着再进一步地融合发展,灵活运用于实践中,形成灵活思维。

（四）教师的主导性与学生的能动性相结合

开展足球教学需要师生双方共同的努力，即要发挥教师的主导性和学生的能动性相结合原则，师生之间形成融洽和谐的师生关系，协调推进足球教学。教师要充当课堂的引导者，组织管理学生，引导学生在足球教学中有序开展学习和训练，合理规划教学内容，激发学生学习的积极性，提高教学效率。学生要充分发挥自己的主观能动性，积极思考，创新发展个人能力，师生共同提高足球教学效率。

第一，树立正确的教学观。教师在开展足球教学时，先要树立正确的教学观，以学生为中心，充分发挥学生的积极主动性，调动学生的积极性，避免片面的"教师中心论"，使教师一味灌输知识，学生被动接受，这样不利于学生学习足球运动，还会抑制了学生的创造力。

第二，以教师为主导。教师在足球教学中具有重要作用，不可忽视教师的引导辅助作用。在足球教学中，高校鼓励教师将自身的教学知识传授给学生，让学生学习、模仿教师的专业能力和专业素质，让教师的学识与修养在潜移默化中影响学生、改变学生，激发学生学习的兴趣。

第三，充分调动学生的能动作用。学生是课堂教学的主体，教师开展足球教学的最终目的是培养学生的足球运动能力，鼓励学生积极学习，掌握足球运动相关技能，取得良好的成绩。学生的主观能动性对提高足球学习效率至关重要，学生要充分调动起自身的主观能动性，明确学习目标，树立远大理想，积极主动地学习，勇敢地积极追求，在足球学习中实现自己的价值。

三、现代高校足球运动教学的原则

（一）直观性

高校足球运动教学应遵循直观性原则，直观性原则是指在足球教学中，教师通过动作示范、图片、视频等媒介以直观形象的方式向学生呈现出足球运动的相关动作、表现，学生通过调动自身的各种感官，比如视觉、听觉、运动觉等感知体会足球运动的操练方法和战术，提高学习成绩。

具体来说，学生可以从以下方面来践行直观性原则：

第一，明确教学目的和要求。教师要根据教学任务、教材特点、学生情况等，有目的地使用直观教学方法。如对水平较低的学生，宜多使用动作示范、技术图片等，也可以把学生的动作录像重放，与正确的技术动作进行比较，纠正学生的错误动作。

第二，激发学生积极性。教师要在教学中充分利用学生的视觉、听觉以及肌肉本体感觉，使学生明晰足球技能战术表象，激发学生的学习积极性。

第三，善于启发学生思维。教师要鼓励学生不断创新思路，积极思考，对足球训练活动注入自己的理解，各项技能间形成有机的联系，从而提高教学质量。

（二）对抗性

足球运动是一项具有对抗性的运动，对抗性原则应该贯穿于足球训练全过程，让学生形成善于进攻、防守等对抗意识，能够合理地应对对手的进攻，及时防守，同时善于利用对方的弱点，果断进攻，占据有利地位。

足球教学中要想遵循对抗性原则，教师就要进一步分析、了解足球训练中进攻防守的规律，并充分利用这一规律，协调进攻与防守的关系，让学生掌握这一规律，在比赛中合理使用进攻与防守。

一方面，向学生教授相关的进攻、防守知识，让学生理解这种对抗性原则的运行规律，引导学生正确处理进攻与防守的关系，妥善安排好相关课程的进度与内容。

另一方面，因材施教，针对不同的学生选用不同的教学方法，加强教学的针对性，并且丰富教学方法，激发学生的积极性和兴趣，合理规划教学进攻与防守的进程，使进攻与防守的教学互相制约，共同提高。

（三）实效性

高校中的足球教学要注重实效性原则，教师在教学时要从实际出发，了解学生的身心发展特点，根据学生实际情况判断足球教学中的重难点，抓住难学、难练的问题，集中操练，突破难点，提高学生的掌握水平，从而使得课堂教学效率得到有效的提升。

教师在践行实效性原则时应遵循以下方面：

第一，不断研究改进教学方法。开展足球教学的有效手段是运用恰当有效的教学方法，科学合理的教学方法能够最大限度地激发学生的积极性，促进学生对足球运动的理解，准确掌握足球教学内容，提高教学效率。教师在开展教学前，自身也要加深对教学方法的认识和理解，不断研究改进它，运用现代化教学手段，给学生学习足球运动提供更好的教学方法。

第二，用唯物辩证法指导教学工作。教师要想顺利开展教学工作，必须坚持正确的指导思想，唯物辩证法是十分科学的思维方法，教师要坚持唯物辩证法，从学生的实际出发，抓住足球运动的本质，分析、研究进一步突破足球教学重难点的方法。

第三，及时调查研究，不断发现新问题，分析问题，并找出解决问题的方法。及时评估足球教学情况，考察足球教学效果，根据教学效果有针对性地调整、完善。

（四）主体性

学生是教学中的主体，教师在开展足球教学时，要遵循主体性原则，以学生为主体，发挥学生在课堂中的主体作用，教师的一切足球教学活动都要以学生的身心发展特点和需求为出发点，依据学生的情况规划教学内容，激发学生的主动性和创造性。

教师在遵循主体性原则的过程中要体现以下要求：

第一，高校开展足球教学需要教师和学生双方共同参与，共同完成教学任务。教师作为传授者和引导者，要发挥引领、鼓励的作用，让学生具有充分的发展机会，为学生展示自身才能提供足够的空间。教师要尊重学生的主体地位，一切活动以学生为中心，让学生在教师已有的知识水平基础上进一步发展创造，勇于探索、自觉追求更高水平的运动技能。

第二，培养学生学习足球的兴趣。兴趣是最好的老师，学生是足球训练发展的主体，教师要积极培育学生的兴趣，激发学生的好奇心和进取心，引导学生积极思考，自主分析问题、解决问题，增强学习的动机。教师要引导学生明确自身的学习目标，鼓励学生将足球训练目标与自身的长期发展相联系，形成持久的动力，建立长期的发展规划，对足球运动产生热爱，勇于追求足球训练目标，保持长期的积极努力学习。

第三，发挥教师的主导作用。学生具有无穷的发展潜力，一个专业的人士对学生加以训练培养，可以激发出学生的潜在能力，这就要保证教师在课堂教学中能够发挥出主导作用，保证教师能够维持、推进足球课堂教学的发展，给教师以足够的空间发挥教学才能，设疑、讲解、比较、操练等方法启发学生的思维，引导学生获得新成果。

第四，建立民主平等的师生关系。师生是足球教学中的互动双方，教学活动离不开师生共同的努力与协作。在教学过程中，为了促进足球教学活动顺利进行，要营造一个健康良好的师生教学环境，学生要尊重教师，肯定教师在教学活动中的重要性，教师要尊重每个学生，承认学生具有个体差异性，尊重学生的个性，以科学的方法培养学生个性化发展。

第三节　现代高校足球运动的训练与实现

"足球是一项起源较早、对抗性较强的运动，一套科学完善的训练方法可以事半功倍地提高足球运动水平。足球运动的训练方法不是固定不变的，它处于逐渐变化的动态过程中。训练方法的制定需要考虑诸多因素的影响，需要在科学研究基础上确定训练方法。"[①] 足球训练需要多个球员共同参与、协调配合，是向着一个共同目标布置战略战术，最终取得胜利的过程。足球训练考察到队伍中每个人的协调配合能力和应变反应能力，球员需要锻炼出敏捷的临时反应能力和高超的技术水平，并要有一套智慧恰当的训练计划来提高训练效率，为实现训练目标打好基础。足球训练过程中的训练计划不仅包括训练内容和方法，而且还包括明确的训练目标。

一、现代高校足球运动的训练计划

（一）训练计划制定的意义

足球训练是一项系统工程，是一种分层次、分时段、有组织、有目的、有步骤、有控制的训练活动，这一活动的开展极大地激发出学生的发展潜能，促使学生提高足球竞技能力。高校要及时制定足球训练计划，训练计划是实施训练的指导方针，对足球训练的顺利开展具有方向性指导作用。训练计划是足球训练实践开展的设计蓝图，有利于帮助球员明确训练目标，分阶段规定球员的任务，监督球员各个阶段的训练水平是否达到了预期的标准。

（二）训练计划制定的内容

第一，实施最初分析。教练员通过最初分析，详细了解每个球员的身心发展状况、个性特征、现有发展水平等各种要素。

---

① 符强. 足球训练方法的科学性研究 [J]. 运动，2012（16）：25.

第二，确定训练目标。训练活动的开展要先确立一个明确的训练目标，以目标为导向，从而确立各个阶段的训练任务、训练方法、训练节奏等，并且训练目标的确立有助于对球员训练任务的完成度进行有效的评价。

第三，制定详细计划。确立训练目标之后，足球训练就有了总体发展方向，接着就应该制定出详细的训练计划，通过训练计划将训练活动中的各个任务落实下去，确保训练活动有步骤地顺利进行。

第四，实施课的训练。这一环节主要是实践环节，球员根据教练员的安排，按照训练计划依次练习，其中包括集体训练和个人训练以及一般训练和专项训练（及时进行评价）。

（三）训练计划的制定方法

制定训练计划是以确定计划为目标的预测方法。尽量周密、完善的计划能够最大限度地避免训练中出现盲目性、随意性和片面性等问题，促进训练活动的顺利进行，提高训练效率。

1. 多年训练计划

多年训练计划是一种时间周期较长的训练计划，对足球运动员的规划较为长远，影响非常持久，对球队的长期训练发展具有积极的指导作用。具体来说，多年训练计划要求训练目标要非常明确，操作的步骤科学合理，规划的时间节奏切实可行，符合球员身心发展规律。通常情况下，多年训练计划的训练周期为两年、三年或者四年，它具有阶段的连续性和内容的延续性，强调训练内容上的连续衔接。

教练员在制定多年训练计划时，主要需要遵循以下步骤来实施训练计划：

（1）对全队现状进行客观、全面的分析。制订训练计划之前对参加训练的球员进行全面的了解与分析，依次分析球员的年龄、性别、身体素质、心理承受能力、竞技水平等要素，尽量对球员做出全面客观的评价，使训练计划尽量适合球员的需求，提高足球训练效率。

（2）明确训练的指导思想及预期目标任务。一方面，教练员要明确足球训练的指导思想或发展理念，让球员把握足球训练的总体方向，确保足球运动的发展方向正确、合理；另一方面，教练员要坚持从实战需要出发这一原则，营造贴近足球比赛的实战训练环境，一切训练任务向比赛要求看齐。

（3）合理安排足球运动训练负荷与比赛序列。在开展全程性多年训练时，要遵循不同的训练阶段对球员提出不同的训练负荷要求的原则。比如：在基础训练阶段，要适当地安排训练负荷，由少到多，逐渐增加，让球员努力适应训练负荷的变化，增强身体素质；在专项提高阶段，以年为单位逐渐增加训练负荷，可以较大的幅度来增加球员的训练负荷，并可以通过训练负荷的起伏变化来激发球员的训练潜力，了解球员的训练极限；在创新阶段，足球运动的训练负荷应该保持较高的强度、但是适当的训练量，使球员保持在高水平阶段，同时又不至于使球员过度疲劳。

（4）实施计划过程中，实时了解计划实施情况，边实施边总结，及时改进计划。在了解计划实施情况的过程中，可以借助足球训练考核制度、训练表现定期评估、球员的交流与反馈等方面来进行了解、判断。

2. 年度训练计划

年度训练计划是以年为单位的训练计划，时间周期较长，为球员整年的训练活动制定了计划，它以教练员长期的训练经验为参考依据，并根据球员之前的训练情况和球员现有水平进行下一年的年度计划，制定的计划通常比较详尽、完整，是球员和教练员开展训练活动的实施基础。

训练计划作为一种设计方案付诸实践时，会与实际训练间产生一定的矛盾，教练员要视情况进行调整，但变更时不应改变原文件，以便通过前后计划文件的比较分析，找出问题症结。在执行计划过程中，教练员还应养成收集资料和数据的习惯，以便不断地积累经验，提高预见和运筹能力。

（1）全面分析球队的训练情况。制订年度计划之前需要对球员上一年的训练情况有一个全面的了解，详细分析球员之前的训练水平，当前的身体状况、心理承受能力、训练积极性等，作为制订下一阶段训练计划的背景知识。

（2）确立足球训练的指导思想和本阶段的训练目标。足球指导思想应当以我国长期以来的足球训练方针为基础，确保足球训练的大方向保持准确、合理。明确本阶段的训练目标时应当充分考虑足球最终的训练目标、本阶段在整个训练过程中所处的地位和作用、球员当前的训练情况等。

（3）明确并完善训练的任务内容和主要手段。教练员应根据训练内容选择合适的训练方法，并结合足球运动员的个人身心发展特点设计适合球员训练的内容和方法；针对不同训练水平的球员设置不同训练难度的任务，提高球员训练积极性，增强自信心。教练员还可以借助现代科技手段，提高训练效率，为球员提供更优质的服务。

3. 阶段训练计划

制订阶段训练计划时要以全年训练计划为主要参考依据，在各个训练阶段中，教练员再就本阶段的训练内容科学合理地安排训练任务、实施进度、训练负荷等方面的具体内容。阶段训练计划通常以半年左右的时间为一个周期，还可分为中期和短期的训练计划。制订阶段训练计划需遵循以下步骤：

（1）教练员要将本阶段的训练任务和目标明确地制定出来，让球员明确地理解认识到训练发展的目标即具体的训练任务。阶段训练计划在制定时需要参考各个不同阶段的足球训练特点和足球训练长期的发展方向和任务，比如年度训练任务，来更加准确地制定出阶段训练计划，使计划能够有效地指导球员开展训练，体现出训练计划的操作性强的特点，符合球员的个性化发展。

（2）使本阶段训练时间与时数得到确定。确定训练时间其周数的主要依据是周期特点（全年单周期、双周期或短期集训）与周期的阶段性质（准备、竞赛、过渡）。但需要注意的是，一个阶段的时间最短不应低于两周。其中，准备期的训练时间可稍长一些；在足球竞赛阶段，根据比赛的需求，合理规定训练时长和训练内容，符合比赛的实际需求；在过渡阶段的足球训练计划应当更加具有系统性的特点，一般是四周为一个周期进行过渡，让球员更好地进入下一阶段的训练。

（3）不同训练阶段的球员所承担的训练任务也是不同的，教练员应当根据不同阶段的足球训练任务对球员提出不同的要求，比如球员的身体素质、心理承受能力、足球竞技能力、战略战术等，从各个方面对球员做出相应的针对性训练。足球训练的各个训练内容的比重也应当有所规划，有些占的比重较大，在足球比赛中具有较关键的作用，有的适当掌握即可，对于足球比赛的影响不是很大，起到过渡作用，因此教练员应该有针对性地进行选择和分配。

（4）对训练负荷进行科学合理的安排。不同阶段的足球训练任务有所不同，需要教练员对球员所处的阶段进行判断，并且不同阶段球员自身的发展水平也是不一样的，教练员也要考虑这一点的影响，有侧重有规划地设计训练内容，尽量科学、合理地安排。如果是在基础训练阶段，教练员应当逐步增加球员训练的数量，增强球员的身体素质，锻炼出坚强的体魄，战胜困难，掌握基本的足球训练操作；如果是在球员已经具备了一定的训练水平，需要进一步完善发展时，教练员应当适当减少基础训练的强度，增加负荷强度；在竞赛阶段时，教练员设置的训练任务是特殊的形式，尽量呈波浪形变化任务量，让球员劳逸结合，提高训练水平的同时，避免球员过度劳累，提高训练效率。

4. 周期训练计划

周训练计划是指按照一周时间为一个训练周期进行的计划。周训练计划根据开展任务的不同，可以分为训练周、比赛周、过渡周、恢复周等类型。周训练计划属于具体的实施性计划。

训练周是以训练为主要任务而设计的，而运动负荷的安排多见于量和强度的交错叠加，即加量降强度，降量加强度。

比赛周主要是为保持球员良好的比赛状态制订的计划，目的是为球员在比赛能够发挥出最高的水平。如果是隔日赛，在赛后第二天，要分析总结上一场比赛，并研究下一场比赛任务和方案，然后制定赛前安排。如果仅有一场比赛，就应根据球队和对手的实情，有针对性地安排训练内容，合理控制训练负荷，保证球员在比赛前保持住最佳的竞技状态。

过渡周的主要任务是保证前后周训练在运动负荷、训练任务、训练内容等方面的衔接，多见于由加量转入加强度，由训练转入比赛等情况。主要目的是使队员逐步适应下阶段的任务。

制订周训练计划需遵循以下步骤：

（1）确定训练内容。开展周训练计划时，教练员应当充分考虑球员的身体状况、心理变化情况、当前训练水平等要素，再根据本阶段训练目标的要求，对训练内容做出合理的规划，在开展全面训练的同时，着重培养球员某一方面的能力。

（2）确定运动负荷。教练员应根据球员的竞技水平、身心状况、年龄、性别等合理安排训练负荷，在不同阶段实行不同的训练负荷，比如在基础阶段，不要施加太多的运动负荷，以免造成球员体力承受不住，在竞技比赛阶段，可以通过负荷量较大幅度的变化，激发球员的竞技能力，促进球员不断突破自己的运动极限，保持赛前的高水平，同时减少运动负荷时间，避免球员在赛前太过劳累。

（3）确定训练手段与方法。教练员应当根据训练内容和球员的竞技水平选择恰当的训练手段和方法，确保球员按照规划及时完成训练任务。

5. 课时训练计划

课时训练计划即指在周计划训练的基础上制订的具体到每一课时的训练

安排，包括多方面的内容，大致可以分为三大类：①训练课的任务、结构、时间、负荷以及训练方法、手段和组织；②恢复措施；③场地器材、设备等课时训练计划。制订课时训练计划需遵循以下步骤：

（1）确定训练课的任务。课时训练课的任务包括多方面的内容，比如身体素质、心理素质、足球战术、比赛等，而足球训练课的任务则是比较灵活的，既有单一性的又有综合性的。在具体实施过程中，教练员要按照学习、掌握、巩固、提高这一步骤进行训练。

（2）教练员应当合理评估球员训练课的运动负荷。教练员应当以球员前期的运动表现为依据，对足球课训练内容进行合理的调整，给球员施加符合球员身体承受能力的负荷量。

（3）积极准备球员训练所需的场地和器材。教练员首先要充分了解分析足球训练课的内容、手段与方法，根据对这些内容的分析对足球训练的各项要素进行合理的安排、规划，为足球训练的高效开展做好准备。

（4）拟定检评方法。教练员在组织球员进行足球训练时，应当对球员的表现及时记录、监督，并根据球员的表现拟定一个检评方法，帮助球员纠正训练动作；教练员也要定期就球员的表现进行总结、反思，对自身的组织教学情况进行评估、完善，促进球员不断提高训练技术。

二、现代高校足球训练的目标

高校开展足球训练要制定一个科学、合理的训练计划，制定的计划要遵循由易到难、循序渐进的原则，并且制定训练计划离不开一个明确的训练目标，训练计划的最终目标是培养出优秀的足球运动员，取得优异的成绩，但是这样的训练需要很难一步到位，直接实现，必须有一个系统的、科学的实施过程，从而在训练计划的指导下最终实现训练目标。

（一）总体目标

当前我国足球训练实行的是"举国体制"和"市场经济体制"相结合共同推动足球发展的足球训练体系，在平时的训练中，注重发展球员的运动技能，培养球员在赛场上的战略战术；加强球员的理论知识教学，提高道德素养，激发球员对足球的兴趣，从而热爱足球运动，追求足球运动技术的提高，促进球员的全面综合发展。

（二）技术目标

技术训练是足球训练的核心。技术训练的主要目标就是要使足球运动员循序渐进地掌握全面的足球技术，使各种技术能力协调发展，甚至能够形成特长技术。足球技术训练的目标主要包括：

1. 过人与射门

在足球运动中，过人和射门是基本的、重要的运动技能，要掌握这两项技能应当做到以下要求：

（1）正确的跑动技术。在过人和射门中正确的跑动技术能使运动员保持身体的平衡，保持技术的稳定性。

（2）对抗能力。在比赛中，过人和射门一般发生在高对抗的情境下，因此在训练中应充分体现对抗的特征，培养球员练就在对抗的情景下迅速、准确地完成过人和射门这两个技术动作。

（3）多样性。掌握不同距离和不同角度的射门动作，具备长距离和短距离运球后进行射门的能力。

（4）准确性。足球训练的动作必须干净利索，操作到位，在高速度和高对抗的情景下依然要保持动作的准确性。

（5）高难技术。在比赛中，球员运用铲球抢断、倒勾射门、鱼跃头球等高难度的技术，应对高对抗的环境下占据优势地位，运用高难技术应对比赛中的紧急局势。

（6）全面性。学习并巩固所有的过人和射门技巧，包括不同部位的运球和多种脚法的射门技术。

2. 假动作

学习不同的假动作并能在训练和比赛中灵活运用，在进行假动作练习时，应该达到以下目标：

（1）逼真。逼真的假动作才能有效地摆脱防守。

（2）多次假动作。掌握不同的假动作，并且能连续使用才能有效地诱使防守队员重心偏离。

（3）变化。熟练运用多种不同的虚假动作，迷惑对手，令对手难以判断真伪，无法准确预测自己的进攻方向及策略。

（4）射门动作。通过有效的假动作创造射门空间。

（5）创造空间。借助于各种假动作迷惑对手，摆脱对方的防守压迫，创造出进攻的空间。

（6）变速。在比赛场上根据竞争的节奏，随时调整自己的速度或在对手围困队伍时，实施假动作改变速度，突破围困，掌握比赛的局势和节奏。

3. 传球

传球训练要充分考虑运动员的力量素质，低年龄段运动员力量弱，应以短距离传球为练习的主要内容。长距离传球不但难以掌握，也不易控制，而且随着运动员力量的增长，传球的技术结构还有可能遭到破坏。教练员应当采用正确的训练方法，增强球员的力量训练，从而逐渐提高球员传球的距离。

良好的传球技术应具有以下特征：

（1）准确性。传球时做到准确迅速地传给队友。

（2）预见性。传球不只是传给固定目标，还应对同伴队员的跑动进行预见性的判断，准确地传向同伴队员的预定位置。

（3）全面的传球技术。在平时训练时反复练习，熟练掌握传球的各种方式，在比赛中根据比赛情况巧妙选择最恰当的脚法进行传球。

（4）连贯性。做好传、停、运等技术的衔接，能用最快的时间把球传到指定位置。

（5）对抗性。在对抗性激烈的比赛中，准确地运用传球技术。

（6）一脚传球。在不停球的情况下，准确地传球。

（三）战术目标

足球训练的战术目标是引导球员学习先进的足球训练战术，掌握全面的足球竞争技能和策略，推动足球运动快速发展。但是要注意的是，足球训练的战术目标也要遵循循序渐进原则，确保战术训练在逐渐发展的过程中推进，使球员由易到难、由少到多地学习掌握足球训练的战术，不同的训练阶段球员要学习不同的足球战术，符合训练发展的阶段和球员的训练能力，从而最终有效地提高足球训练水平。

（四）体能目标

体能训练目标要求开展足球训练时要密切贴合足球运动的特征，结合足球运动员的身心发展特点，对运动员提出体能方面的发展目标。在足球训练方面，运动员不仅要具备很好的有氧运动能力，还需要有高超的无氧运动能力。高校在开展足球训练时，还应培养运动员的各方面综合能力，比如自身的动作协调能力、面对对抗性竞争的反应速度和敏捷程度。并且要增强运动员的身体素质，锻炼出坚强的意志品质，在艰苦的足球训练过程中依然能够努力坚持下来，追求更高的发展目标。

（五）心理目标

足球训练的心理目标是培养球员的自信心，增强球员的意志力水平、自我控制能力和竞争能力，培养球员良好的心理素质，足球运动是个艰苦的运动项目，没有坚定的决心和坚强的意志力很难坚持下来，足球运动员都具有很强大的心理素质，教练员在开展训练时也要有意识地设立心理目标，培养球员良好的心理素质，并将坚强的心理素质融入实际训练中。

三、现代高校足球运动训练的实施

（一）足球运动训练的原则

足球运动员成长的最重要标志就是技术的提升，技术是一切后续的基础，技术是一切的决定性因素，在比赛中实施任何阵型和战术时都相应地需要运动员有一定的技术基础，一位成熟的、有实力的足球运动员在实战中可以合理运用各种技术保持动作连贯。所以在训练中，运动员应该重视技术训练，不断训练基础技术。

1. 针对性原则

（1）训练目的应明确、针对性强。在足球训练中，训练应该有目的性地、针对性地进行，符合直观性训练原则。教师需要根据不同学生来确立不同的训练模式和训练安排。在训练学生时，应该更多采用直观性训练手段，例如，学生运球中不注意周边环境只是低头专心运球，教师应该先模仿其错误做法再示范正确做法，让学生在对比中改正自己的错误。

（2）训练手段应符合学生的自身特点和思维习惯。在足球的训练中，应根据学生的年龄、运动能等实际情况加以区别。对于年龄较小、思维逻辑较差或者运动水平较低的学生相应多用示范等更为形象客观的手段，而对于年龄较大且思维逻辑性较强、运动水平较高的学生可多采用形象化语言提示。

各种直观性训练手段要对动作的结构、要点及动作正误界限等做到客观理解和理性认识，就应该在教学中采用分析、比较、提问等方法来调动学生动脑进行思考，积极调动学生的思维可以促进学生更好地掌握。

2. 循序渐进原则

（1）足球训练的手段应由简到繁。足球训练的手段应遵循从简单到复杂的训练原则。例如，学习正脚背踢球，可以先在原地对着教师的讲解内容进行原地模仿学习，然后发展到将球固定原地初级接触到有球训练，再过渡到两人对踢开始在人数上逐渐加多，在环境上不断加大、变广，逐步加多步骤加深难度。

（2）足球训练的内容应由易到难。足球运动不同技术的训练方法有多种，足球训练内容应遵循循序渐进，从简单到不断困难的训练原则。例如接球技术训练，对于足球初学者来说，应先学习接地滚球，在此基础上再学习接空中球、反弹球等。在接球部位上，宜先学习脚内侧部位接球，然后再学其他方法接球。

3. 实战性原则

（1）对抗性。比赛中激烈的对抗是在所难免的，也是足球比赛的核心，技术训练的使用价值就是在对抗中发挥功效。因此，教练员应根据运动员的技术掌握和运动员的身体素质的不同，设计不同程度的对抗训练，由易到难，难度逐渐加大。

（2）接近比赛状态的训练。长期艰苦的训练是运动员在足球比赛中取得胜利的重要保障，但是训练与比赛二者不能相互替代，实践出真知，训练想要得到效果，必须力求在各种实践中进行练习，在不断接近比赛状况下练习技术、改正错误工作。如争顶头球、抢球或铲球、直接射门等技术训练，都应在局部接近比赛状态下进行训练，以适应实战的要求。

4. 综合性原则

（1）技术与技术组合训练。在足球训练和比赛中，足球运动员不能只运用单个技术动作，而应综合运用各种足球技术，才能更好地促进技术的提高。所以应该根据实践比赛中经常出现的各种情况，组合各种技术进行连贯练习，这样在比赛中各种技术的运用会更加连贯和熟练。

（2）技术与速度结合训练。技术与速度结合是足球运动战术训练时应该重视的训练要点。足球比赛方向逐渐向着高速度、高强度发展，更加需要运动员的随机应变能力和在快速完成技术动作的能力，更加考验运动员的基础技术水平。比赛越发瞬息万变，比赛越发激烈，对运动员要求也越发严格，需要运动员完成动作的速度更快、空间更小，时间与空间的利用与争夺在比

143

赛中越发重要。足球运动员在快速奔跑中快速完成技术动作的能力（质量）和完成动作的速度，其主要决定因素是技术与速度的结合。在足球训练中，对于技术与速度的结合的训练更加重要。

（二）足球运动训练的要求

足球运动员在训练过程中，需要注意以下四个方面的要求：

第一，技术动作应简练、快速、实用、有效。在足球训练中，应该更加重视技术动作的简练、快速、实用、有效。在平时训练中更加重视训练实用性高的技术动作，不断训练运动员的基础技术动作，保证运动员能够快速衔接连贯使用多种技术，以达到有效的训练。

第二，技术动作应结合实战进行。所谓实践出真知，足球运动员在进行足球技术动作训练时，还要不断在实践中来进行技术磨合和练习。运动员只有在激烈的比赛中才可以感受到紧张的氛围，训练自己随机应变的能力。实践训练可以有效地提高运动员的技术水平，锻炼自身心理素质，并且可以提高自己的实战能力和快速适应比赛的能力。

第三，做技术动作前应提前观察。足球运动员在技术训练中应养成提前观察的习惯，以便为实施下一步动作做好准备。

第四，进行适当的心理训练。运动员在训练自身技术能力的同时也应该重视自己心理素质的训练。心理训练一般采用的方法主要有放松训练、集中注意力训练、自我暗示训练、念动训练、模拟训练等方法。训练自身的心理素质有利于增加运动员的比赛自信心，有效保障运动员不会因为紧张而做出错误的技术动作或者战术安排。

足球技术动作训练的要求是简练、快速和实用，技术动作应结合实战进行，力保将每个动作做到精确。而只有运动员有良好的心理素质，才能保证比赛任务的顺利完成。

（三）足球运动训练的方法

1. 颠球技术训练

（1）一人一球颠球。

原地颠球。一人一球在规则内用身体有效部分连续地触击球，使其不落在地面上的一种技术动作。而颠球的意义就是可以作为一种赛前准备活动，运动员用来熟悉球感的一种方式，具有一定的趣味性和观赏性，也是一种增强球感、熟悉球性的方法。运动员可以在规则内不断变换动作,双腿交换颠球,用力将球颠高接着改颠低球高低变换;也可以增加难度,适当提高控球高度。

行进间颠球。一人一球在向前移动的同时保持颠球动作,尽量保持球在空中不落地。运动员可以由慢到快逐步提高练习难度。

(2) 两人一球颠球。两个人相向而立,在规则内用身体各个部位将球传给对方,并使球尽量在空中不落地,每人可以触球一次或多次后传出,不断来回传球。

(3) 四五人一组颠球。

四五人一组,围圈站立,将两颗足球几个人之间来回传球,但要保持球在空中尽量不落地。每个人可以在规则内进行颠球,触球一次或多次都可,自由掌握触球部位。需要注意的是,颠球过后传球时不要传给正在颠球的队员。

四五人一组一球,围圈颠传抢。一人在圈中间,其他人将其围住进行颠球传球,中间一人在其他几个人传球颠球时将其截断或者打断,二者可以互换角色,而其他几个人要将球及时传出避免自己控球时或者传球时被打断导致球落地。

2. 踢球技术训练

(1) 无球模仿训练。想象前方地面有一颗足球,进行虚拟模仿训练,向前跨上一步并做踢球动作,然后过渡到向前慢速助跑之后做踢球动作,最后进行快速助跑之后做踢球动作。在训练中应该要注重技术动作的规范,还要注意设想触球的同时踢球脚踝关节的固定和脚背的绷紧感。

(2) 踢固定球训练。将球固定在前方,学生用脚不同的补位踢球,感受脚接触足球的不同补位对球的不同影响。

(3) 对墙踢定位球训练。学生将球放在前方地面正对着墙,助跑之后,使用各种技术动作轻轻将球向墙面踢出。过程循序渐进,与墙面的距离从近到远,所使用的力量也是由小到大,将球踢出后再次用手接住,放好再踢。如此反复训练,随着熟练度可以增加距离和力度。充分感受脚面不同位置接触球面的效果,了解触球正确位置。注意踢地滚球,击球的后中部。如果墙高,可由踢地滚球逐步过渡到踢半高球。熟练后可用各种脚法连续踢球。

(4) 射大球门训练。在门间扎上两个小旗,将球放在罚球线上踢定位球,学生从易到难进行训练。刚开始学生将球绕过小旗随意一侧踢入球门即可,再过渡到绕过小旗规定一侧踢入球门,再到绕过规定一侧打门两个下角,最后进行射门两个上角训练,循序渐进。脚法不受限制。

（5）各种脚法的两人训练。在训练时，两人可以进行传球或者射门都可，如果两个人一起训练踢定位球可以辅助训练接球；如果训练踢活动球，那么两人可以训练相隔一段距离不断进行不停顿的连续传球。

（6）利用足球墙和标杆做踢旋转球的训练。可以根据学生的个人情况将标杆利于人和墙之间的合适距离，开始初期距离可以稍大些，随着技术不断掌握且熟练后再距离随着缩小。利用足球墙也可以训练各种旋转球，这种方法有利于初学者提高训练效率，充分利用有限时间进行多次的动作练习，且有利于学生更好地集中注意力掌握技术规格。而对于技术动作需要加强的学生，足球墙训练同样也是一个有效的选择。

（7）突然变向后的踢球训练。两人一组，相距40米。在场地两端成斜线放置两个相隔三米的标志物，学生带球快速向前绕过标志物完成踢球动作将球传给队员，队员控球，同样带球绕过标志物，完成踢球动作。

3. 接球技术训练

接球训练应随着现代足球发展来不断改变训练方法，训练需要在不断的挑战中进行，所以要从青少年开始在平时的训练中设置各种难题让学生不断挑战，发展学生随机应变的意识和能力，使学生不断在接近实战的情况下训练。提高各种接球技术运用的能力和水平，有利于学生迅速适应比赛。

（1）抛接球训练。两人一组相隔五米左右相向而立，一个人用手将球向另一人抛出，另一个人练习各种空中接球，可以循序渐进，距离从近到远，力量从小到大，从简单的直射到带有旋转球，从而适应各种变化的来球。

（2）跑动中传接球训练。两人为一组用一颗球，两个人在规定范围内进行跑动，并且在跑动中完成多种不同方法的传球，并传出各种性质的球，如滚地、空中等。当两人距离较近时踢滚地球，当两人距离较远时，踢空中球。在不断变化中进行训练，提高学生的接球能力和随机应变能力。

（3）三人一组接球转身训练。三人相隔十米沿一条直线站立，甲队员传球个中间的乙队员，乙队员接球后转将球传给丙队员，丙队员再回传给乙队员如此反复进行，而中间的位置可以轮流更换。适当加大每个人相距距离，学生可以进行空中球训练或者进行反弹球训练。也可以用来进行交叉训练，结合滚地球、空中球和反弹球的综合性训练。甲传给乙或者乙传给丙这种相近的两人可以进行滚地球训练，当甲传丙或者丙传甲这种中间相隔一人的情况，学生可以进行空中球和反弹球的训练，甲传空中球给丙，丙接球也可以再传地滚球给乙，乙练习接地滚球转身后再传给甲，甲接地滚球后再传给乙。甲乙丙的位置可以互换，且传出球也可以交换。

4. 抢截球技术训练

抢截球技术训练想要得到理想的效果应该注重与实战相结合，在激烈的比赛中面对各种对抗和各种突发情况进行训练，理论与实践同步进行。

（1）原地抢球训练。将球放在一位学生的脚前，另一位学生在其相距两米的地方，让其上前做正面脚内侧堵抢训练。让两个学生同时触球进行脚内侧触球，让抢球学生体会有效的上步动作及正确的触球部位，两人可以轮换着进行训练。

（2）侧后追赶抢球训练。一位学生进行带球向前，另一位学生从后方追逐到带球学生一侧，伺机而动，进行冲撞抢球。这需要带球者配合抢球者，让抢球者熟悉抢球动作提高技能，而运动速度可以由慢到快循序渐进。

（3）运动中抢球训练。两位学生相向而立，带球者缓慢带球向前，抢球者伺机而动，将带球者进行拦截抢球，实施正面脚内侧堵抢技术。当两人同时触球时，将球者立即提拉球，让球从带球者支撑脚脚面滚过，同时抢球者越过带球者，并将球控制住。随着训练的进行和技能的熟悉和掌握，学生可以在两人同时触球时进行同时提拉，从而体会掌握提拉的时机。

（4）慢跑合理冲撞训练。两位学生同方向慢跑，在跑步过程中进行合理的冲撞训练，在规则内不断进行冲撞练习来体会冲撞的时机、补位和如何有效且准确用力等。

（5）争抢球训练。将球置于两学生5米处，两名学生并列站立，在哨声之后，同时迅速向球跑去，在适当位置合理冲撞从而控球。在一段有效训练之后，可以将定位球换位活动球，即教练站于两学生之间并将球向前掷出后，球沿着地面向前运动，两学生向前同时靠近，在途中通过合理冲撞进行控球。

5. 掷界外球技术训练

（1）两人配合用一球继续训练，两人相距15米相向而立，两人互相向对面掷界外球。

（2）两人配合用一球继续训练，两人相距25米相向而立，在两边设置两条平行线，双方助跑至线上向对方抛球。

第六章　现代高校瑜伽与健美操教学实践与训练

第一节　现代高校瑜伽运动的教学实践

一、瑜伽的特征

瑜伽是印度哲学六大正统体系之一。"瑜伽"一词，来自印度古代梵文，人们将瑜伽解释为驾驭、联结、束缚。瑜伽可以改良人们的心理、生理、精神、情感方面的能力，是一种使心灵、身体、精神能够达到统一和谐的运动方法。

瑜伽是心灵的练习、生理的运动。练习瑜伽的最终目的就是驾驭身体的感官、顺服自己无休无止的内心、控制自己。感官的核心就是心意，能够驾驭自己的心意，就能够驾驭感官；通过把有意识的呼吸、身体、感官的相互配合来实现对身体的控制。这些技艺可以强化主要器官、内分泌腺体以及神经系统的功能，通过刺激人体潜在的能量以促进身体的健康发展，同时还对骨骼和肌肉的锻炼有好处。

瑜伽运动具有以下特征：

第一，瑜伽注重身体心灵的和谐统一，注重呼吸调节，瑜伽的最本质特征是和谐统一，也是瑜伽的内涵。瑜伽倡导的是身体心灵和意识的有机结合，表现在身体的体位、呼吸和意识的有机统一，三者的有机统一可以促进身体协调，提高人们的专注力，形成良好的心态，修身养性、健康向上，这是瑜伽区别于其他健身方式的主要特点。瑜伽锻炼过程中最重要的是掌握呼吸韵律，无论是使用体位方法还是冥想方法，都要以呼吸为基础，通过和呼吸之间的配合实现身体的平和。

第二，瑜伽强调锻炼感受。不同于其他体育项目，瑜伽不需要任何的表演形式也不需要比赛，主要就是服务于个体锻炼，在锻炼过程中不必硬性苛求动作完美。主要是调节自己的心态,动作尽力而为即可,安静平和的心境是瑜伽锻炼追求的目标。

第三,瑜伽强调的是通过意识控制行为。瑜伽主要锻炼心灵和意识,强调通过意识控制肢体动作和呼吸规律,通过调节意识控制无意识的行为,帮助人们用意识的方式了解无意识事物的存在,意识的控制有利于激发人类的潜能。

第四,瑜伽属于有氧运动,动作缓慢。不同于其他运动方式,瑜伽运动注重缓慢地变换姿势、调节呼吸,动作动静结合,主要以静态动作为主,有氧运动的形式有助于减脂,长期坚持做瑜伽动作有利于身体塑形。

二、现代高校瑜伽教学的原则与方法

现在很多高校都开设了瑜伽选项课程,受到学生的欢迎。"瑜伽课的加入为大学生体育教育课程增添了新的元素,同时也促进了高校教学的多样化,使得大学生德智体美劳全面发展。"[①]

(一)瑜伽教学的原则

1. 自觉性原则

自觉性原则是指瑜伽练习者应有明确的目的性。瑜伽与体育有其共同之处,要想收到锻炼的预期效果,必须以主动积极的态度,自觉地坚持锻炼。现代教学论区别于传统教学论的观点在于提倡学生是学习的主体、是学习的主人、是主动掌握知识的人,认为调动学生学习自觉性和积极性,将会大大地提高教学效果。贯彻自觉性原则,要做到以下方面:

(1)培养瑜伽练习的兴趣。从兴趣入门,逐渐形成一种自觉的行动和良好的锻炼习惯。

(2)检验瑜伽练习的效果。通过测试身体素质、形态、生理机能等指标,对饮食、睡眠、精神状态以及学习时的注意力等情况进行对比,增强兴趣与信心,提高自觉性。

2. 因材施教原则

因材施教原则是根据学生的个体差异提出来的教学原则之一。学生之间

---

① 尹淑桂. 高校瑜伽课程教学改革研究[J]. 牡丹江大学学报,2020,29(11):106.

的个体差异很大,根据学生个体差异进行有针对性的教学,才能满足大多数学生的求知欲望和瑜伽教学的要求。

(1)照顾大多数是基本准则。对身体能力强的学生,可提高对动作完成质量的要求,也可适当增加教学内容、加大动作难度等;相对身体能力差些的学生,则应加强个别辅导,或建议使用辅助工具,帮助他们克服弱点,完成学习任务。

(2)重视课的组织形式,男、女生由于在身体能力和爱好上的差异,尽可能地分班、分组安排教学内容,做到因材施教、区别对待。贯彻实施因材施教原则,要求教师要有高度的责任感,认真观察学生们的进步,耐心地对身体能力差的学生进行帮助,及时给予鼓励,从身体机能、素质、心理、等多方面去挖掘他们的潜力,促使他们较快地进步。

(二)瑜伽教学的方法

教学方法是指教师在教学过程中为了完成向学生传授专业知识、技术、技能,发展与专项有关的各种能力等教学任务而采用的措施和办法。教师应在了解和掌握各种具体教法手段的基础上,根据瑜伽的特点、学生的具体情况和各阶段不同的教学目的任务,在教学中正确运用各种教学手段,这对于不断改进和提高教学质量,完成教学任务有着极重要的作用。教学方法是教师和学生为了实现共同的教学目标、完成共同的教学任务在教学过程中运用的方式与手段的总称。好的教学方法可以优化教学过程,产生好的教学效果。

瑜伽教学有其自身的独特性,瑜伽教师在教学过程中,除了沿用传统的教学方法外,还应不断革新教学方式,选择适合瑜伽课程的教学方法,这样才能达到好的教学效果。

1. 示范法

示范是最生动、最逼真的直观教学方法,是教师直接做动作向学生进行演示。

(1)完整示范。完整示范是指示范动作的完整过程,常用于新学动作,以建立正确的概念和动作表象。

(2)分解示范。分解示范是指把完整的动作,合理分成几个部分,各部分分别示范。

(3)重点示范。重点示范是指根据所学动作或纠正错误动作的需要,重点示范动作某一技术环节,或在组合动作中,重点示范动作某一技术环节,或在组合动作中,重点示范某一动作,以便于学生加强对动作细节和技术关键部分的认识。

(4)领做示范。领做示范是指教师带领学生一起做动作,教师起着示范的作用,这对于初学者来说很重要。

2. 图示法

图示法是指教师利用瑜伽动作图画、动作照片、动作路线或队形变化图等进行教学。图示法可弥补讲解、示范不足,通过静止的图像观察,有助于学生对动作各部位的身体姿态、动作力度、身体细节等加深理解。绘制或选择图画、照片应能表现瑜伽规范动作,以达到高质量的标准。

3. 练习法

练习法是指教师有目的地多次重复教学单个内容、组合内容和成套内容的方法。练习法要求学生亲自进行实际操作,通过本体感觉,切身体会动作技术,是学生学习、提高和巩固学习内容的重要方法,也是教学中教师采用得最多的基本教学法。练习法的具体方法较多,在瑜伽教学过程中经常采用完整练习法、分解练习法、重复练习法、累积练习法、成套练习法。

三、现代高校瑜伽课程及其有效教学

(一)瑜伽课程的类型

1. 理论课

瑜伽理论课主要通过教师课堂组织形式、现代电化教学等方式,向学生传达瑜伽的一些基本知识、瑜伽学习与练习方法等方面的系统理论。

瑜伽理论课内容一般包括:瑜伽概述、瑜伽专用术语、瑜伽基本动作、瑜伽动作绘图技法、音乐知识与选择、瑜伽教学法、瑜伽训练法及注意事项、瑜伽的科学理论基础、瑜伽的创编等。

2. 实践课

瑜伽实践课是通过身体练习手段,使学生掌握瑜伽动作的方法与要领,通过瑜伽实践课程的学习,可以培养学生平衡的心理,发展学生对肌肉的控制能力,还可以塑造学生优美的形体,同时增强学生各种身体素质。在实践课教学中,同时贯穿相应理论知识的讲解,将理论与实践紧密结合,有利于学生对身体动作的理解与掌握。根据瑜伽课所完成的不同任务,可将课分为:

引导课、新授课、综合课、复习课和考核课。

（1）引导课。引导课是指开课的第一次课。主要讲授的内容是瑜伽的特点，对身体的锻炼价值，瑜伽课的教学目的、任务、内容，以及瑜伽课对学生的要求、考核标准及有关规章制度等。也可以讲述一些瑜伽练习基本内容。引导课教学时应注意以下两点：

第一，备课要梳理、归纳，讲解要重点突出。在进行引导课之前，教师对所要讲授的内容要预先备课，进行梳理、归纳；在讲解时做到层次、条理清晰，重点突出，使学生易于学习与掌握。

第二，形式灵活多样。采用的形式要灵活多样，教师教学方法要能激起学生对瑜伽课的学习兴趣。

（2）新授课。新授课是指学生在课堂上所学习的内容主要以新教学内容为主的课程。新授课教学时应注意以下四点：

第一，遵循循序渐进的教学规律。学习新动作要遵循由简到繁、从低到高、由慢到快的规律。

第二，选择合适的教学方法。教师要正确使用讲解、示范与练习中的各种教法方法。对于线路复杂与多关节参与的动作，教师通常将动作进行分解让学生来学习掌握要领，对于难度高的动作，教师采用助力的方法进行教学。

第三，确定合适的运动负荷量。在学生基本掌握新动作技术要领后，要让他们进行反复练习，加大练习密度，使学生承受一定的运动负荷，但负荷量也不宜过大。

第四，注重课堂组织效率。课前充分备课，对每个教学环节进行周密布置，力争在有效的时间内达到最好的效果。

（3）综合课。综合课是瑜伽教学中常采用的一种课堂教学形式，它是指既要复习学过的内容，又要学习新的内容。综合课教学时要注意以下三点：

第一，合理安排新旧内容的顺序。一般是先复习旧内容，然后学习新内容。

第二，选用恰当的教学方法。在复习旧内容时，教师应采用提问、讨论、练习等手段引导学生对上次课所学内容进行复习，复习完旧内容后，立刻组织学生学习新的教学内容，新内容学习遵循循序渐进的教学规律。

第三，采用合理的新旧内容时间分配，确定适当的运动负荷。一般学习新内容所占的时间多，复习旧内容所占时间比较少，而复习旧内容的运动负荷大于学习新内容的运动负荷。

（4）复习课。复习课一般是在学期末的时候比较常见，对于一学期所学过的内容进行复习，随后进行考核。其主要任务是对所学习过的内容进行巩固与提高，达到自动化的程度。复习课教学时应注意以下四点：

第一，有明确的目标。教师对于复习课一堂课达到的任务做出计划，采取相应方法达到较好的复习效果。

第二，注意采用个别指导的原则。在进行复习时，对于基础差的学生要加强个别指导，帮助其快速提高，同时鼓励他们树立信心；对基础好的学生要提出更高的要求。

第三，通常采用比较大的负荷练习。在复习课上要精讲多练，不能像新授课一样去细讲。要加大练习的密度，增加运动负荷，提高机体有氧代谢功能，达到增强体质的效果。

第四，灵活采用课堂组织形式。在采用教师带领集体学生熟悉动作后，多采用分组的形式进行练习，也可以"一助一"帮助式进行练习，还可以采用表演、观摩的形式等。无论是哪种组织形式，都是在教师的巡视下进行的。这样既可以调动学生练习的积极性，也便于纠正错误动作，同时还有利于教师实施个别指导，检查学生掌握动作的情况。

（5）考核课。考核课实际上是一种教学反馈，同时也是对学生学习态度、学习成果的一种检验。在进行考核时应注意以下两点：

第一，学生明确考核内容等。教师提前让学生明确所考核的内容、时间和评分方法。

第二，组织学生充分复习。考核前几节课要组织学生对所考核内容进行充分复习；在考核课堂上，要留出时间让学生做好准备活动，对所考核内容进行复习，充分发挥水平。

（二）瑜伽课程的有效教学

1. 瑜伽课准备

21世纪初，国内高校开始尝试开设瑜伽选修课以丰富课堂教学内容，提升大学生的身心健康水平。为提升瑜伽教学水平，"瑜伽教师应接受正规系统的瑜伽培训，不断提升教学水平，并从自身出发加强瑜伽理论学习，正确宣传瑜伽知识，适时调整教学内容，以更有针对性地开展瑜伽教学"[1]。课前

---

[1] 徐娜娜. 国内高校瑜伽课程现存问题及改进研究[J]. 甘肃科技，2022，38（6）：74-76.

准备是教师按照教学目的、任务对课的认真准备的过程，是保证课顺利完成的先决条件。课前准备主要有以下内容：

（1）钻研大纲、教材等教学文件与材料。教师在上瑜伽课之前，要提前认真钻研大纲和教材，同时了解掌握相关学科的更多学习资料。教师只有在钻研了大纲精神，熟悉了教材内容、教法等，学习掌握更多的相关材料，才能做到胸有成竹。

（2）了解学生的情况。教学的授课对象是学生，教学的最终目标是培养学生，学生是教学活动的主体。教师在授课之前，要通过各种途径了解学生的个性特点、喜好等，还要在采用集体方法的基础上，针对不同学生采用个性化的教学内容、方法与手段，从而做到有的放矢。

（3）准备音乐。课前准备阶段要提前反复筛选音乐，根据不同的练习内容选择相适宜的音乐。例如冥想要选择空灵、深邃、缓慢的音乐，热身准备活动可以选择节奏稍快、活泼的音乐。结束放松阶段要选择舒缓、旋律优美的音乐。在应用音乐上，要避免长时间使用相同的音乐，要变换使用音乐。

（4）编写教案。编写教案是根据教学进度和单元教学计划来编写的，必须在了解学生情况和认真钻研教材和教法的基础上进行，这是教师课前准备的一项重要工作。

（5）准备场地、器材等。教师至少要提前十分钟到教学场地，检查教学场地状况和音响设施，准备上课所需要的器材等。

2. 瑜伽课的组织

瑜伽课的组织是为了更好地完成课的任务所采用的教学组织方式，其组织形式是根据练习内容、学生特点和教学条件等，合理安排组织形式。课的组织是否合理、严谨，对于教学效果具有直接影响。科学严密的组织，不仅有利于学生高效掌握所学内容，而且也能保证课的安全性，避免伤害事故的发生。瑜伽课的组织内容包括课堂常规、练习队形、练习形式、学生骨干的培养与选择、准备场地器材。

（1）课堂常规。课堂常规是上课之前教师对学生提出一系列要求和必须遵守的规章制度。课堂常规的制订不仅有利于教学任务的顺利实施，而且可以加强学生的组织纪律性，培养学生文明素养的养成。教师对学生要进行常规要求。学生因伤病、女生因例假痛经等原因不能正常上课时，学生要对教师说明情况，或者请教师准假；教师对于学生上课的着装要提出要求；对于场地的准备、器材的使用，教师要让学生参与整理场地，整齐摆放器材，养成爱护器材设备的好习惯。

（2）练习队形。在课的各个环节合理组织队形，对于顺利完成课的任务非常重要。在课的各个时段，根据不同的练习内容，组织变换不同的队形，既有利于按计划完成课的密度与强度，同时也有利于调动课堂气氛，提高学生学习的积极性。教师在编写教案的时候，要充分考虑队形的组织形式，做到心中有数。

（3）练习形式。组织练习的形式应该根据安排练习的内容及任务来选择，一般所采用的形式有两种：①集体练习形式：是指全体学生同时进行练习的形式。在瑜伽课上大多采用这种形式。集体练习便于教师集体讲解、示范，节省时间，有利于加快教学进程。②分组练习形式：是指把学生分成两个或者两个以上的组，可以做相同练习也可以做不同练习。采用分组形式，主要根据教学任务、内容、学生人数与场地器材设备等情况的不同而定。采用分组形式时，教师要有目的、有计划进行指导。

（4）学生骨干的培养与选择。学生骨干的培养对于瑜伽课顺利进行非常重要。学生骨干可以帮助教师完成许多辅助工作，也有利于教师与学生、学生与学生之间沟通。对于学生骨干的选择要注意两个方面：①所选择的学生骨干一般担任体育委员的职务，所选择的学生需要具有比较强的身体协调性和运动能力，这样能够在学生中树立威信。②选择的学生骨干需要具有很强的责任心与协作能力。学生骨干是帮助教师完成一些与教学活动有关工作的学生，所以只有具有吃苦耐劳精神的学生才能担当。

（5）准备场地器材。在上瑜伽课前，准备好场地器材是尤为重要的。准备场地器材时要遵循便于紧密进行教学的原则，例如，准备好的瑜伽垫便于学生迅速取到；准备好的音箱设置便于教师随时播放等。

3. 瑜伽课的条件

（1）教师发挥主导作用。教师在教学活动中是主导，教师主导作用的发挥依赖于教师的教学能力与教学素养。因为网络媒体信息量大，对教师形成了巨大的挑战。作为网络时代的教师，对其理论知识、教育专业知识以及专业技能要求更加严格。

第一，教师拥有瑜伽理论知识。瑜伽理论知识比以往任何一门体育运动项目的理论知识都更为深奥，其从印度引入，需要投入更大的时间与精力才能掌握。瑜伽种类多，涉及身体心灵各个层面，所以需要学习的知识非常广泛。

第二，教师拥有人体解剖学与运动生理学知识。瑜伽与其他体育项目相同，也是针对人体进行的练习。教师只有掌握人体解剖学和运动生理学知识，在教授学生学习瑜伽体式时才能按照科学的方法进行，这样才会提高训练效果，同时减少损伤的发生，所以教师要学习和掌握人体解剖学与运动生理学知识。

第三，教师拥有心理学知识。瑜伽与以往其他体育项目不同，它是将心理与心灵训练作为重点内容。教师只有学习与掌握一定的心理学知识，才能在瑜伽的训练中，给予学生心理与心灵恰当、合适的指导。

第四，教师拥有示范能力。对于网络高度发展的今天，教师的挑战无处不在，尤其对从事身体运动的教师而言，更具有挑战性。教师要潜心修炼瑜伽，提高示范能力，在学生中树立威信。

（2）学生发挥主观能动性。教师是教学活动的主导，学生是主体。在教学活动过程中，教师是学生学习的外因，学生是学习的内因。在教学活动中，要充分发挥学生学习的主观能动性。

4. 瑜伽课的考核

（1）考核的种类。在大学期间开展瑜伽课，一般是大学二年级开展，但也有高校在大学一年级与大学三年级均开展。

（2）不同种类的考核包含的考试内容。大学一、二年级瑜伽课的考核中，包含理论课考核、基本素质考核、瑜伽技术考核、课堂表现等方面。理论课的考核经常采用开卷或者闭卷的形式，对瑜伽基础理论、学习瑜伽体会等进行考核，通常所占学分比例为10%；基本素质考核是根据目前教育部对学生体质的要求来制订的一些基本素质考核内容，例如具体考核的内容有跑步、投掷、跳跃、柔韧、腰腹肌等测试，通常所占学分比例为30%；瑜伽技术考核包含瑜伽单个动作、成套动作、自我创编动作等的考核，所占学分比例为50%；课堂表现则包含出勤情况、课堂积极性与参与度等，所占学分比例为10%。

大学二、三年级的瑜伽公共选修课（或者通识课），考核的内容通常比较灵活，教师可以根据教学目标自行制订考核内容，这类课程的考核不包含基本素质考核。

第二节　现代高校健美操运动的教学实践

一、现代高校健美操运动的特点与功能

健美操虽然是近年才兴起的体育项目，但是其影响力已经风靡全世界。"高校体育教育中的健美操课程具有多项教育功能，其时尚、动感的教学活动形式备受大学生喜爱。"[①]产生这种现象的主要原因在于健美操具有区别于其他体育运动的特点。

（一）健美操运动的特点

1. 美学特点

健美操运动面对的是所有人，学生通过练习将身体的力量展现出来，这是他们对于美的追求。从本质上来看，健美操是一种人体运动方式的呈现，其动作不仅要美丽，还要跟随着音乐节奏，把所有的动作完美地展现出来。在学习健美操时，身体的部位要相互协调、共同配合，进而达到健美体形的标准。健美操在培养学生健美体形的同时，也要注意培养学生的道德修养。人体在运动时，主观意识控制人的思想以及精神，因此会展现出不同的道德、气质、作风、情操、情感以及意志品质。健美操的美学主要体现在内在美和外在美两方面。

2. 重视力度控制

力度的合理运用在健美操运动中起着至关重要的作用，其主要的表现形式就是弹力、活力以及力量。健美操动作对于力度的要求是非常严格的，当学生在学习健美操动作的过程中，要合理地控制力度的使用。相比于体操的力量性来看，健美操的力量更加的自然；相比于舞蹈的力量来看，健美操的力量更加的有力，并且富有一定的活力。健美操的力量更加真实地反映了健的风采、美的神韵、力的坚韧。健美操具有一定的感染力，是自我个性的一种表达方式。健美操的力量区别于其他的体育运动的力量，是其最为突出的

[①] 邱妍妍，南萍. 高校健美操课堂内外一体化教学模式创新研究 [J]. 黑龙江工业学院学报（综合版），2022，22（9）：153.

特点。

3. 音乐具有特殊性

音乐是所有的音符声音的展现,不仅可以缓解人们疲惫的身体,还能让人们与之产生共鸣,在时间与空间的交错中,产生一系列的联想。这种联想主要是从人们现实生活中演变而来的。音乐不仅会对人们的运动产生影响,还会对人的情绪以及情感产生一定的影响。健美操运动之所以受到人们的欢迎,不仅仅是因为健美操本身的特点,主要是现代音乐给人一种活泼快乐的感觉,进而使得健美操更加地活力四射。当优美的旋律响起时,学生们就会有一种想要参与其中的兴奋感。健美操的音乐选用的类型大多数是沉稳、热情以及轻快的,欢快活泼的旋律可以更快地调动大家的积极性,缓解身体的不适,进而振奋精神,使大家更加地愉悦。

4. 促进精神创新

大家的情绪和性格各不相同,对于健美操动作就会有不同的看法,这也造就了健美操动作的多样性。在学习健美操的过程中,了解了健美操包含徒手体操的基本动作,以此为基础,同样借鉴了其他运动相关的动作,将这些动作经过改良设计,形成健美操独有的风格。健美操动作主要就是七种步伐的转换,将身体灵活地进行变化,使之适应队形的变化,进而完美地展现了健美操这项运动。这些变换不仅为编制提供了一定的素材,还在一定程度上推动了健美操的发展。

(二)健美操运动的功能

1. 健美操具有健身功能

(1)健美操运动推动运动系统的发展。人们适当地进行健美操的锻炼,不但可以提升关节的灵活度,还在一定程度增加了肌肉的力量,避免出现肌肉拉伤以及韧带拉伤的情况。从青少年的角度来看,适当地做健美操运动不仅可以促进骨骼、关节以及肌肉的成长,还对其生长发育起到重要的作用。

(2)健美操有助于加快心脑血管机能的循环。在参加健美操锻炼时,会使人的心脏容量变大,心肌增厚,对心脏有一定的好处,进而加快人体的心血管循环,提高人们的新陈代谢,更有利于人们的健康。

健美操运动提高人们的消化系统。在参加健美操运动的过程中,人体的髋部需要进行全方位的活动,当骨盆肌和腰肌都用力时,就会促进肠胃的蠕动,新陈代谢就会加快,这时就会提高消化系统的功能,在一定程度上免疫力就会增强,远离疾病,有利于人们身心健康。

2. 健美操可以塑造形体

形体主要是由体形和姿态两方面构成的,适当地进行健美操运动可以更好地塑造形体。人体的形体不但会受先天条件的影响,还会受到后天条件的影响,要想更好的控制形体,就需要适当的体育运动,然而健美操的动作只需要和平时保持一致就好,可以让学习者尽快地适应。如果经常参加健美操运动,不仅可以改变身体姿态,还可以更好地塑造形体。健美操运动可以消除体内的脂肪,使吸收和消耗的能量保持平衡,进而更好的控制体重,保持健康的形体。积极地参加健美操锻炼,不仅可以有效地调节心理平衡,还可以增强自身自信心,这就是青少年喜欢健美操的原因之一。

3. 健美操具有益智功能

健美操运动在一定程度上可以影响大脑的机能以及物质结构,使其具有超强的记忆力、敏锐的观察力、丰富的想象力以及创新的思维能力,进而推动了智力开发。在人们进行锻炼的同时,大脑中的氧气和能源物质就会供应充足,大脑神经细胞就会加快生长发育。

健美操的种类有很多,动作也是多种多样的,人们在参加健美操运动时,由于动作的多样性,使得大脑在接受信息时处于活跃状态,有利于增强大脑皮层细胞的活跃度,进而改善大脑神经系统功能。

4. 健美操具有娱乐性

随着社会不断地进步与发展,人们的生活水平也在提高,在享受生活的同时,积极地参加体育锻炼,有利于释放压力。在体育运动中,健美操不仅动作优美,还可以全面地锻炼身体,参加健美操运动时,大家跟随着音乐的节奏,尽情地展现健美操的动作,还会吸引学生的注意力,让他们忘记课业的压力,不由自主地和音乐的节奏一起运动。

在参加健美操运动时,人们可以结交到好朋友,进而扩大朋友圈。就目前情况来看,人们基本选择去健身房学习健美操,那里有专业的教练,在其帮助下进行学习。在健身房锻炼的人比较多,一起参加健美操运动的人也不在少数,大家在锻炼的同时,还相互帮忙,互相激励,共同进步。由此可以看出,健美操不仅可以强健体魄,还可以缓解压力,达到身心健康。

5. 健美操具有医疗保健功能

健美操运动是有氧运动，其运动特点主要是强度低、运动量适中以及具有医疗保健功能。由此得出，健美操不仅具有一定的健身效果，还对一些病人具有医疗保健手段。整体来看，健美操运动有利于人们的身心健康。

二、现代高校健美操教学的理念指导与发展

（一）健美操教学发展的理念指导

第一，坚持以学生为本的教学理念，推动改革发展。在改革中国高等教育过程中，一定要坚定不移地将以学生为本作为教学理念。坚持以学生为本具有多重优点，一方面可以促使学生自身的优点、潜能得到发挥，促使自身的积极性得到极大程度地发挥；另一方面也可以促使学生对于个性化的需求得到满足，促使自己实践的主动性得到发掘。在具体开展健美操教学的过程，体育教师同样要注意考虑学生的具体情况。即依据学生的心理以及生理发展程度有针对性地安排教学内容，逐步提高学生对于健美操这项体育科目的理解以及认识，进而进一步提升健美操教学的质量以及效率。

第二，在改革过程中，坚持培养学生终身体育精神的理念。任意一项体育运动无一不以培养学生形成终身体育的意识为目标。现如今，中国所提倡的全面健身便是终身体育的最好体现。在改革体育教学的实践过程中，坚持终身体育的指导理念，将进一步提升学生的身体以及心理素质作为教学目标，通过营造良好的学习氛围来刺激学生的学习激情。

（二）健美操教学的发展趋势

第一，体育多样化发展的趋势鲜明。学生个体体育需要的多样性，为了能够满足学生对于自我的需求，我国体育教学非常强调多样化。具体在开展体育教学的实践过程中，不同的主体对于体育需求会在一定程度上存在一定的差别，即便是同一主体在不同时期、不同背景下面对体育的需求也会有所区别。例如，有的主体以健身作为需求，有的以调节心理作为需求，还有的将发展特长作为需求。综上所述，体育教学具有多重功能，能够满足学生日益多元的需求。

第二，对终身体育教育的关注度提高。相较于传统体育教学，现代体育教学更加重视培养学生形成终身体育的意识以及习惯等具有长远效益的目标，

目的是希望学生即便是毕业以后也能自主进行体育锻炼。在改革体育教学的历程中,"增进学生健康、增强学生体质"这项工作并不是一蹴而就的,而是需要学生不断坚持参与体育锻炼,只有这样才能使学生能够终生享有健康。基于此目标,终身体育观逐步普及,得到越来越多的体育教育工作者的认可。因此,在未来学校体育教学的发展趋势将越来越倾向于将近期效益和长远效益结合起来,以期学生能够终身践行体育锻炼,使其在参与体育锻炼过程中能够逐渐实现全面协调发展。

第三,体育教学方法的现代化。"21世纪是互联网信息社会,社会各个领域均渗透了互联网信息技术,并朝着现代化方向发展。高校教育与互联网技术的融合,体现在教师教学理念的更新以及信息化技术、微信平台与翻转课堂等新教学方式的使用上,教师树立新理念,使用新方法开展教学,可以突破时间和空间的限制,也满足不同层次学生的学习,学生的健美操成绩得以优化。"[1]在新的背景下,体育教学方法将日趋现代化,主要表现为教学设备的现代化。多媒体设备会凭借自身的优势,开拓学生的视野,使学生学习以及接触到课堂内难以学习以及掌握的内容。此外,现代化的教学方法以及教学手段还能协助教师将教学内容更加生动形象地传授给学生,延长学生的学习时长。在新时代,现代化的教学方法必定会为体育教学带来新的天地。

三、现代高校健美操教学的主要形式

(一)全班上课

全班上课的特点是任课教师按照课程进度表面向全班学生上课,并向全班学生提出共同的学习任务;教师以系统讲授为主,以其他方法为辅向学生传授知识;学生在课堂上可与教师、同学进行多项交流;教师对学生要有爱心及耐心,多鼓励,少批评,对学生具有亲切感;教师对课堂内容要精心设计,考虑内容、时间、空间及人数等因素;教师在课堂中要善于创造幽默和快乐的气氛,善于调动学生的创造力和积极性,善于不断从学生中得到反馈信息,并用自己的情感、态度和行为直接影响学生并使他们产生相应的反应。

---

[1] 李欣原. 互联网时代高校健美操教学的方法研究[J]. 当代体育科技, 2022, 12 (7): 81.

（二）班内小组教学

班内小组教学的特点是在全班上课的基础上开展临时性的小组学习活动，把教学的重点从教师的教转移到学生的学上，充分发挥学生学习的主动性、积极性和创新的能力；各小组的人员不固定，一般以 2～8 人为一组，可以自由组合，也可以由教师安排；教师安排时，主要是把程度不同的几个人组合在一起，以便他们可以互相交流，互相促进，活跃课堂教学气氛，扩大教育能量；教师要深入各小组进行指导和督促，随时解决小组学习中遇到的问题；小组学习结束时，要分别进行总结、表演，来激发他们的学习兴趣，大胆地表现自我。

（三）班内个别教学

班内个别教学的特点是在全班上课的基础上主要面向班上能力较差或学习速度快的学生，使教学适合每个学生的学习需要，调动每个学生的学习积极性，从而使他们都能从教学活动中受益；教师主要指导和帮助学生自学和独立思考；学生学习的资料一般是专门编制的健美操教材或教学参考书；学生的学习由单个动作练习到组合动作练习再到成套动作练习。

四、现代高校健美操教学的课程安排

（一）健美操教学的课程准备

准备部分是每堂健美操课所不可缺少的部分，时间一般是 15 分钟左右，主要内容有以下方面：

第一，学生整队报告，教师明确本堂课的任务和要求，检查出勤情况，处理见习生等。

第二，进行热身，一般以热身操的形式出现，主要有以基本步伐配合手臂动作为主的单个或组合动作，或者通过练习健美操的基本动作，达到热身和掌握基本技术的双重目的。

第三，把基本动作中结构复杂的动作精简化后，可安排在准备部分中进行练习，以加快基本部分的教学进程。

（二）健美操教学的课程主体

主体部分是每堂健美操课的中心部分，时间是全课的 70% 左右。健美操教学的主体部分主要内容根据教学大纲和教学计划规定的教材内容，结合学生的具体情况进行教学，具体如下：

第一，主要进行徒手、手持轻器械的单个动作、组合动作和成套动作练习。

第二，学成套动作时，可按成套健美操的节序、段序，一节一节或一段段地学习。

第三，在学完后面一节或一段时，要及时与前面一节或一段串连起来练习，以掌握节与节或段与段之间的连接技术，加强学生对动作的记忆。

第四，对于结构复杂的动作，可采用完整动作示范、分解成几个部分进行练习，再完整教学的方法，即完整—分解—完整法。

第五，在每堂课的教学中都应增加并特别注重对学生多方面能力的培养，根据各阶段的任务设计出能力培养的具体内容、方法和手段，使理论与实践教学相结合，传授知识与培养能力并举。

（三）健美操教学的课程结束

结束部分是健美操课非常重要的一个组成部分，时间一般为5～10分钟，主要内容涉及以下方面：

第一，调整放松运动，一般以伸拉性、弹抖性动作配合呼吸进行放松练习，使身体负荷逐渐恢复到相对平稳的状态。

第二，总结本堂课任务的完成情况，布置课外练习作业。

第三，整理教学用具，将器材归还原处。

第三节　瑜伽训练方法及其在高校健美操教学中的运用

一、瑜伽训练的要求

瑜伽的训练方式是非常讲究的，无论在物质准备、训练时间、训练场地等方面，还是心理准备方面都有其一定的要求，学生必须熟悉这些基本要求，训练效果才会事半功倍。

第一，树立瑜伽正确认知。瑜伽不同于体操和舞蹈，也不同于一般的有氧训练，只有当呼吸、意识和姿势三者结合成一体时，才是真正意义上的瑜伽训练。瑜伽是注重身心和姿势的结合，不能用柔韧性的好坏来衡量一个人训练瑜伽的能力。实际上，很多瑜伽大师也只训练简单的瑜伽，而更注重内心冥想的修炼。瑜伽是一种极其温和的训练方式，因为它的姿势很容易适应每个人的需求，学生需根据自己的身体状况，从而有针对性地挑选瑜伽体位进行训练，这样瑜伽才能创造出健康舒适的生活。

第二，训练瑜伽需保持乐观、平和的心态。训练瑜伽时，不要勉强自己做个人能力以外的动作。由于个体之间存在着差异，所以训练瑜伽不要操之过急、过分勉强，更不能与他人攀比，否则易造成运动损伤。同时，训练瑜伽也不要过度在乎自己动作的美丑。训练瑜伽最重要的是身、心、灵的协调统一，至于动作做的美与丑并不重要，把握好练瑜伽时身体被充分伸展的舒适感，比做出漂亮的动作更重要。

第三，瑜伽训练的场所。瑜伽虽是最不受场地限制的活动之一，但其对训练场所的一些基本要求还是不容忽视的。瑜伽训练场所的选择有如下一些基本要求：①在室外训练，选择周围环境安宁、洁净、舒适、温暖，尽可能保证在进行瑜伽训练时不会被外界事物干扰，这样有助于尽快进入训练状态。不要在大风、寒冷或有污染的空气中训练瑜伽；②在室内训练，要求通风条件好，最好摆上绿色植物或鲜花，也可播放轻柔的音乐来帮助松弛神经。周边尽量没有家具或其他遮挡物，以免妨碍自己身体的自由舒展；③无论室内或室外都要选择干净、平坦的地方训练，并在地面上铺上瑜伽垫或地毯、毛巾、软垫等，以防脚下打滑；不要在冷硬的地面训练，这样会导致肌肉紧张，不利于全身肌肉伸展和放松。

第四，瑜伽训练的时间。训练瑜伽是没有具体时间规定的，只要符合自己生活工作规律的时间就是最适宜的时间。一天中，清晨、黄昏、晚上睡前都是训练瑜伽的好时机。一般来说，除进餐后（2～3小时内）不宜立即训练瑜伽，一天中任何时间都可以训练。每天尽可能在固定的时间内训练瑜伽，这样既可以不断取得进步，也有助于形成规律的作息，以取得长期的良好效果。即使时间不允许，每周最少也要进行3次瑜伽训练。

第五，瑜伽训练服装。由于瑜伽有大量伸展和扭曲躯干、四肢的动作，因此最好穿着舒适而宽松的衣服，以棉麻质地为佳，但有条件的话，尽量穿瑜伽专用服，因为这种服装不仅弹力强，能伸展自如，而且吸汗性能好。夏天瑜伽训练，赤足最好；冬季可穿棉袜或软底布鞋训练。瑜伽训练尽可能轻装上阵，除去手表、腰带及其他饰物，这些物件可能会分散注意力妨碍动作训练，甚至出现意外伤害。

第六,瑜伽训练用具。训练瑜伽时,应选择一块由天然材料制成的厚薄适宜的瑜伽垫子,如果地面不平坦,瑜伽垫能发挥缓冲作用,有助于保持平衡,可以支撑和保护好训练者的脊椎。如没有专业的瑜伽垫子,铺上地毯或对折的毛毯亦可,注意不能让脚下打滑。初学者也可使用一些辅助工具来加以训练某些姿势,可用的辅助工具有瑜伽砖、瑜伽绳,甚至墙壁、桌椅等。很多瑜伽体位训练都可使用相应的辅助用具,以帮助进行循序渐进的训练,同时有利于准确掌握每一个姿势传达给身体的感受。

第七,呼吸。在没有特殊要求的情况下,都是用鼻子呼吸。

第八,音乐。训练时若伴随瑜伽音乐或轻音乐,可以提高训练者的兴趣,也可使训练者神经更加安宁、心灵更加祥和,有助于训练者进入瑜伽训练状态。适合瑜伽的音乐特点是抒情、自然、休闲、宁静,这样的音乐能使人放松,获得内心的和平安宁与快乐幸福。舒缓的轻音乐、树林里的鸟鸣声、大海的海浪声,均是不错的选择。

二、瑜伽呼吸训练

呼吸是瑜伽的中心,无论冥想、体位法以及休息术都需要呼吸来配合,贯穿于整个训练过程中。瑜伽呼吸是指有意识地控制一呼一吸,使训练者达到某种状态,这种呼吸法是通过鼻腔,借助腹、胸、肩来进行的气息训练。它区别于自然呼吸,有其一定的目的要求和具体方法。

(一)瑜伽呼吸的目的与要求

1. 瑜伽呼吸的主要目的

呼吸是人生存的基本要素,也是健康的重要基础。人体通过肺部吸入充分的氧气,促进血液循环,再把能量供给全身。因此,健康长寿的秘诀之一就是自然绵长的呼吸——吸入充足的氧气。然而,在日常生活中,许多人的呼吸都是呼吸系统自主而无意识地浅式呼吸,供氧不足,久而久之对健康极为不利。瑜伽呼吸的目的,就是让呼吸系统充分有效地发挥作用,为生命提供足够的氧气。长期练习瑜伽不仅能强身健体,还可以调节情绪,让人心态回归平和。

2. 瑜伽呼吸的训练要求

瑜伽呼吸训练又称为调息法,用来唤醒并净化身体的生命能量。训练时注意以下事项:

(1) 用鼻呼吸。瑜伽中的呼吸基本上都是用鼻子进行的，有特殊要求时才用嘴呼吸。用鼻子呼吸可以过滤和温暖空气，以免刺激呼吸系统。在训练过程中，要保持鼻腔和口腔清洁，以保正呼吸的顺畅。

(2) 训练地点。训练瑜伽呼吸的地点最好是安静、干净、通风良好的场所。通常情况下，不在阳光直射下训练（除非清晨），也不要在冷的环境和污浊环境中训练。

(3) 训练时间。训练呼吸最好是在空腹状态下或饭后3～4小时进行，饱餐后训练会妨碍消化系统的血液循环。

(4) 训练姿势。训练呼吸时的姿势，可根据具体的呼吸训练采用不同的姿势，总体要求身体保持自然、正直、放松。

(5) 呼吸要有一定的自然节律，避免过度用力。瑜伽的呼吸是自然而然进行的，要有一定的自然节律，呼吸过程中不要太过用力，不要紧张，不要急于求成，要循序渐进。

（二）瑜伽呼吸的方法

1. 腹式呼吸法

腹式呼吸是瑜伽中最重要的也是最基础的一种呼吸方法。腹式呼吸是通过加大横膈的活动、减少胸腔的运动来完成训练的。在呼吸的过程中要求胸腔保持不动，只感觉腹部随着一呼一吸在起伏。当长期坚持训练形成习惯之后，在日常的瑜伽训练与生活中也会采用此方式进行呼吸。

(1) 腹式呼吸的训练方法。①仰卧或舒适的坐姿或站姿，可以将一手放在腹部肚脐处，放松全身，自然呼吸；②吸气，最大限度地向外扩张腹部，使腹部鼓起，胸部保持不动；③呼气，腹部自然凹进，向内朝脊柱方向收缩，胸部保持不动。最大限度地向内收缩腹部，把所有废气从肺部全部呼出来，这时横膈膜自然升起。循环往复，保持一次呼吸的节奏一致，体会腹部的一起一落。

(2) 腹式呼吸的作用。腹式呼吸可以有效地减去腹部多余脂肪。

(3) 腹式呼吸的注意事项。初学者在开始训练阶段很难体会到腹部的起伏，不要气馁，只要坚持训练，将意识集中在腹部，感受腹部的一起一落，通过一段时间的训练后就可以顺利掌握。

2. 胸式呼吸法

胸式呼吸是通过扩张和收缩胸腔并利用中间部位来完成呼吸的。呼吸同等量的空气时，胸式呼吸要比腹式呼吸需要更多的力气。在运动时或处于紧张状态下使用胸式呼吸较多。

（1）胸式呼吸的训练方法。①取仰卧或舒适的坐姿或站姿，放松全身，自然呼吸；②吸气，慢慢地、最大限度地向外、向上扩张胸部，腹部尽量不动；③呼气，慢慢放松胸腔，感觉向下、向内收缩，腹部尽量不动，排出废气。

（2）胸式呼吸的注意事项。训练中，主要感受胸腔区域扩展与收缩，腹部保持不动。

3. 完全呼吸法

完全呼吸法就是将腹式呼吸和胸式呼吸结合起来的一种呼吸方式。

（1）瑜伽完全呼吸的训练方法。①仰卧或舒适的坐姿或站姿，全身放松，脊柱尽可能伸直；②缓慢深长吸气，腹部像吹气球式鼓起，随后也使胸部鼓起，双肩可略微抬高，使腹部和胸部扩张到最大限度，接着再慢慢呼气，腹、胸部随之呈反向运动。整个呼吸过程应和谐、流畅；③瑜伽完全呼吸法应包括吸气、屏息和呼气。

（2）瑜伽完全呼吸的作用。①增加氧气的量，使肺活量增大，活力和耐力有所增加；②预防和治疗感冒、哮喘等疾病，予以整个呼吸系统良好刺激；③增进入体消化器官的活动，消除并治愈消化系统方面的疾病；④改善睡眠，缓解压力，消除紧张。

（3）瑜伽完全呼吸的注意事项。整个呼吸过程应缓慢、顺畅和轻柔，一气呵成，好像波浪轻轻起伏，从下向上，之后再从上而下，每一阶段不可分开来做。

4. 调息法

瑜伽的调息法是通过有规律地吸气和呼气，以及有意识地进行屏息，刺激和按摩所有的内脏器官，进而唤醒潜藏在体内的能量（生命之气），使之得以保存、调理和提升。

（1）清凉调息法。

第一，清凉调息法的动作方法。①取一坐姿舒适地坐下，保持头、颈、背部的挺直，两手放于两膝上，全身放松；②将舌尖卷成一个小卷，放于两唇间；③通过这个小卷深深吸气，感觉到一股清凉的空气吸入腹部；④收进舌尖，闭上嘴，低头，屏息一会儿；⑤抬头，通过鼻孔将所有空气尽可能完全排出；⑥这样吸气、屏息、呼气反复20～30次。

第二，清凉调息法的作用。①具有清凉、解渴之功效；②使神经安宁、心态祥和，并放松全身肌肉；③净化血液，促进内脏活动，提高消化功能。

第三，清凉调息法的注意事项。患有低血压或呼吸系统疾病如哮喘、支气管炎者不要做此训练；心脏病患者训练时不要屏气；便秘者不宜训练；冬天或天气过冷时不宜做此训练。

（2）蜂鸣式调息法。

第一，蜂鸣式调息法的动作方法。①以任何一种坐姿舒服坐下，保持头、颈、背部挺直，闭上双眼，放松全身；②舌尖抵在上腭，保持面部放松，保持意识清醒；③慢慢用鼻子吸气，呼气时要缓慢发出低沉、平稳得像蜜蜂发出的蜂鸣声；④再次深深吸气，呼气时再次发出蜂鸣声，重复做几分钟。

第二，蜂鸣式调息法的作用。①缓解压力及紧张，减轻焦虑、失眠；②有助于体内组织的修复，可以在手术后训练；③对于咽喉、扁桃体以及甲状腺问题也有帮助。

第三，蜂鸣式调息法的注意事项。选择安静的训练场所；耳部疾病、心脏病患者训练时，不要屏气；耳朵严重发炎或感染时不要训练。

（3）风箱调息法。

第一，风箱调息法的动作方法。①按一种舒适的坐姿坐定，头和脊柱保持挺直，闭上双眼，放松全身；②右手放在脸部前面，食指和中指放在前额，拇指在右鼻孔旁、无名指和小指自然弯曲在左鼻孔旁，左手放在左膝上；③以拇指压住鼻旁，闭住右鼻孔。腹部随着呼吸有节奏地扩张、收缩，心中默数呼吸的次数，气体经由左鼻孔被吸入和呼出 20 次，呼吸时主要由腹部完成扩张和收缩的动作，不要扩胸或耸肩，鼻子发出气息，喉咙不要出声；④做 20 次呼吸为一组，然后用左鼻孔缓慢而深长地吸一口气，同时向外扩展胸部和腹部，用拇指、无名指按住鼻子两旁，屏气几秒钟进行收颔收束法和会阴收束法，保持几秒钟，或以舒适为限，然后呼气，并恢复正常呼吸；⑤用无名指闭住左鼻孔，腹部随着呼吸有节奏地扩张、收缩，气体经由右鼻被吸入和呼出 20 次；⑥再次深吸一口气，重复进行第三步的训练，这是一个回合，每次做 3 个回合。

第二，风箱调息法的作用。风箱呼吸功有助于净化肺部，排除多余气体，对缓解哮喘、肺结核等疾病症状有一定效果。它还能消除喉部炎症；还可以使人集中注意力、思维清晰，心态平静。

第三，风箱调息法的注意事项。训练时应避免剧烈呼吸以及过度摇晃身体，如果感到发晕，表示训练方法有误。在做这个训练时，每做一个回合，都应充分休息一下，保持放松。例如，高血压、眩晕症、中风、心脏病患者不要擅自做风箱功；患有呼吸道疾病如哮喘、支气管炎及处于肺结核恢复期者建议在专业人员指导下进行训练；初学者训练时应谨慎，开始时，呼吸应相当慢。一两周之后才逐渐增加呼吸的速度。不论任何人，风箱式训练得太多都会损坏身体，因此人人都得有节制和小心谨慎地训练。

5. 收束法

收束法，意思是"扣牢""系紧""锁牢"，指紧压、收缩、控制身体特定器官及身体部位，以达到对能量的保护与约束。收束法的主要目的是防止能量散失，控制或锁住能量流动，保证能量准确到达目的地，不破坏其他的神经系统或能量循环。

（1）收额收束法。

第一，收束法的动作方法。①选择一种舒适的坐姿；②放松，闭上双眼，吸气，呼气；③闭息，头向前方弯，以鼻尖画弧，直至下巴紧紧抵着胸骨；④两肩稍向前耸一点，伸直双臂；⑤两手掌应紧压两膝；⑥保持这种姿势，直至不能舒适地闭息为止；⑦恢复的动作要缓慢，慢慢地仰起头部，慢慢地吸气，直至头颈部完全伸直；⑧这是一个完整的回合，每次训练不要超过12个回合。

第二，收束法的作用。收束法对于人的肌体和心灵会产生较为广泛的效果，它使心搏减缓，对甲状腺和甲状旁腺有按摩作用，从而改进其功能，整个身体都会因为甲状腺功效增强而获益。它有助于消除愤怒和紧张忧伤的心情。它通常与调息及其他的收束法一起训练，达到更好的效果。

第三，收束法的注意事项。患有头颅内部压力（颅内压）症状和有心脏疾病的人只有经医生同意之后才可以做这个功法，而且还应非常小心。当头部抬起或放下而构成收束姿势时，最好不要呼吸。当头部伸直时才能呼吸。

（2）收腹收束法。

第一，收腹收束法的动作方法。①选择一种能使自身双膝稳固地贴紧地板上的瑜伽坐姿，两掌放在两膝上，放松；②彻底呼气，悬息，在悬息的同时，把腹部肌肉向内和向上收缩，尽量长久地保持这个姿势；③慢慢放松腹部肌肉，然后吸气，休息，直到感到有力量再做这个训练时为止。以上重复做3～5次。

第二，收腹收束法的作用。这个训练把横膈膜向胸腔提升，而把腹部脏器推向脊柱方向，由于肠胃反复被抬高，并受挤压，这就产生了蠕动动作，这个动作可以刺激滞留在肠道中的废物，对于预防便秘和不规则的肠运动很有效；同时收腹收束法还能使腹腔内所有器官都受到按摩和刺激，使腹腔器官得到补养；收腹收束法也可减少腹部的脂肪。

第三，收腹收束法的注意事项。孕妇、患有心脏病的病人、胃溃疡或十二指肠溃疡的人不宜训练收腹收束法。在饱腹时，不要做这种收束法，最好是在空腹时训练。

（3）大收束法。

第一，大收束法的动作方法。①保持舒适的坐姿，双膝紧贴地板，挺直头部和脊柱；②通过鼻子慢慢深吸气，接着深呼气，然后收颌、收腹，保持收束，但是必须在自己的能力范围内，若感觉有压力，就必须放松会阴、腹部、下颚，抬头后慢慢吸气。

第二，大收束法的作用。集收颌、收腹、会阴收束法的作用于一体。

第三，大收束法的注意事项。在空腹的情况下才能训练此收束法；熟悉收颌、收腹、会阴收束法后再训练该收束法；心脏病及高血压患者请勿训练。

三、瑜伽冥想训练

冥想是指身、心、灵合一后所进入的状态，是处于清醒与睡眠之间的一种状态，此时对外的一切意识活动停止，但潜意识的活动更加敏锐与活跃，从而获得深度宁静。冥想的四要素是冥想的对象、语音、体位和气息，其中语音是各种冥想技巧中最深奥的一种。

（一）瑜伽冥想的目的与要求

1. 瑜伽冥想的主要目的

冥想就是改变意识活动的形式，停止知性和理性的大脑皮质活动，而使自律神经呈现出活跃状态的一种心灵自律行为。冥想可以提高自我觉醒的意识，增强身体的能量，发展洞察力，净化心灵，掌握心知，提高记忆力，还可以帮助人们解除压力，稳定情绪，让头脑休息，从而重新恢复活力。

2. 瑜伽冥想的训练要求

（1）训练前不要进食，否则会影响精神集中。

（2）训练的时间和地点应固定，这样有助于尽快进入状态。

（3）训练时应选择一个比较舒适、放松的姿势。

（4）确保身体处于放松状态。

(5)训练冥想要在教师指导下进行,不要盲目训练。

(二)瑜伽冥想的坐姿及瑜伽手印

1. 瑜伽冥想的坐姿

(1)莲花坐。莲花坐在瑜伽坐姿中最受赞叹,梵文莲花被视为美的象征。从瑜伽的角度看,这个姿势极为适宜于做呼吸和冥想训练。

第一,莲花坐的动作方法。①双腿向前伸直,弯曲左膝,左脚放右大腿上;②双手搬右脚放左大腿上;③两只手手掌向上,大拇指和食指轻贴一起,成智慧手印,并轻放在左膝上,腰部伸直;④胸部自然挺起,下巴稍微抬起,深而慢地呼吸,双腿、双膝尽量贴地。

第二,莲花坐的注意事项。莲花坐对双腿的柔韧性有较高的要求,所以并不主张初学者训练。身体产生剧烈的疼痛时要停止训练,切忌急于求成。可以先从简易坐或半莲花坐开始。

(2)简易坐。简易坐是瑜伽坐姿中最容易掌握的姿势之一,适用于初学者训练。

第一,简易坐的动作方法。坐下来,双腿弯曲,双腿交叉,闭上眼睛或目视前方,双肩放松,下巴稍往内收,腰背挺直,两手掌心向上,大拇指和食指指端轻触,轻轻放在双膝上。

第二,简易坐的注意事项。腰背挺直,将内脏器官置于有益于健康的位置,如果感觉身体后倾或驼背,可以在臀部放一个垫子,使臀部与膝关节保持在一个水平线上,这有利于脊柱保持正直。

(3)半莲花坐。

第一,半莲花坐的动作方法。右小腿弯曲,并使右脚脚底板定在左大腿内侧,右膝弯曲,将左脚放在右大腿跟处,脚心向上,腰背挺直,下颌收起,闭上眼睛或目视前方。手臂保持简易坐的姿势不变。

第二,半莲花坐的注意事项。需使头、脖子和身子保持在一条线上,双腿可交换训练,臀部紧贴地面。

(4)至善坐。

第一,至善坐的动作方法。右膝弯曲,把脚后跟贴在会阴部。左脚重叠放在右腿上,并把左脚尖塞在右腿弯曲处,右脚尖塞进左腿的弯曲处。双手接智慧手印,轻放在双膝上。

第二,至善坐的注意事项。腰背挺直,臀部紧贴地面。

(5) 悉达斯瓦鲁普坐。

第一，悉达斯瓦鲁普坐的动作方法。双手撑地，将身体抬起，把右脚放在左臀下方，右脚跟向上对着肛门部位。收缩肛门括约肌，身体慢慢放下，坐在脚跟上。左膝弯曲，左脚放在右大腿根部，将全身重量放在右脚跟上。双收结成智慧手印，轻轻放在双膝上。

第二，悉达斯瓦鲁普坐的注意事项。脚跟应顶住收缩的肛部，可以换腿训练。

(6) 英雄冥想姿势。

第一，英雄冥想姿势的动作方法。端坐，右腿弯曲，右脚置于左臀外侧，脚跟贴近臀部处。右膝弯曲，放在左腿上方，调整右腿的位置，使两膝盖上下交叠。右手手心敷在右膝处，左手手心放在右手背上。

第二，英雄冥想姿势的注意事项。腰背挺直，目视前方。在这个姿势中，身体要大部分接触地面，这样容易保持长久。可换腿训练。

(7) 吉祥坐。

第一，吉祥坐的动作方法。弯起左小腿，左脚底顶住右大腿，弯起右小腿，把右脚放在坐大腿和左小腿夹紧的部位。两脚脚趾应分别嵌入对侧大腿和小腿夹紧的部位。两手结成智慧手印，放在大腿之间的空位处或放在两膝上。

第二，吉祥坐的注意事项。腰背挺直，臀部紧贴地面。

2. 瑜伽冥想的手印

手印即修炼时手指结成的形态。训练瑜伽时每一个手指都象征着重要意义，小拇指代表泰默，是惰性、懒散、黑暗的象征；无名指代表拉加，是活力、动作、激情的象征；中指代表纯洁、智慧、和平的象征；食指代表吉伐泰默，是个体心灵的象征；拇指代表帕拉玛泰默，代表无处不在的宇宙本体。食指和拇指的位置象征瑜伽的终极目的，是个体心灵与宇宙本体的结合。瑜伽中的手印大致分为以下八种：

(1) 禅那手印。两手叠成碗状，将拇指尖相连。这是一种比较古典的手印。象征着一个盛满力量的容器。女性右脚和右手在上，男性左脚和左手在上。这样可以平和稳定精神。

(2) 智慧手印。手掌向上，大拇指和食指轻贴一起，意味着大宇宙与小宇宙合一，即人与自然合一。另外三只或合拢或张开，但要伸直。

(3) 秦手印（也称下巴式）。手势手掌向下，大拇指和食指指端轻贴一起，作用与智慧手印相同。

（4）开放手印。五指并拢，拇指指端轻贴在食指的指根部。两手掌朝前，放在膝盖上。意味着全身心地接受宇宙中最纯净的气息。女性右脚在上，男性左脚在上。

（5）祈祷式手印。双手合十，放在胸前做成冥想的姿势，手掌之间要留一些空间。意味着身体和心灵的结合，大自然与人类的结合。有助于集中精神，活跃和协调左右脑，获得平和的心态。

（6）接触地式手印。伸出五指，手心向下放在膝盖上，意为借用大地作为智慧生活的见证。

（7）接受式手印。伸出五指，掌心向上放于膝盖上，代表着对于面前的任何事物都敞开胸怀。

（8）乌纱手印。双手十指交叉，每天训练 5～15 分钟，可以帮助清晨苏醒，还有助于向上提升能量，调节内分泌系统。

（三）瑜伽冥想的方法

冥想的方法很多，下面分析常用的三种冥想法：

1. 呼吸冥想法

呼吸冥想是最简单的冥想技巧，把注意力集中到感觉和呼吸的节奏上，使呼吸渐渐变得慢而深沉。

（1）呼吸冥想的训练方法。取一舒适的姿势，通过鼻子来呼吸，把注意力集中在呼气和延长呼气的时间上。只要不停地体会呼吸的感觉，就能把注意力集中在呼吸上，而且完全不会改变呼吸的方式。在每一次呼气时，感觉自己正在释放所有的压力、思绪和情绪，特别是在呼完气，准备再吸气的那一刻。

（2）呼吸冥想的注意事项。训练过程中，在持续地吸气和呼气时，把注意力集中到鼻子、嘴、肺和腹部的感觉上。不要勉强给呼吸设定一个节奏，只要顺从它的频率和停顿就可以了。

（3）呼吸冥想的作用。对安定情绪和保持大脑清醒非常有效，能释放由焦虑和疑惑所引起的精神压力。

2. 语音冥想法

（1）语音冥想的训练方法。语音冥想是通过发音，如不断重复某些音节、词汇或短语等或者是听觉符号，以唤起内心深沉的情感及潜在的力量。语音冥想是目前所有瑜伽冥想方式中最安全、最经得住考验的一种训练方式。语音的类型有很多,可选用一种传统的崇拜语音,重复一个具有某种个人意义的赞颂,或一个感觉愉快的语音都可以作为冥想时的语音使用,而且所有这些语音都有助于尽快进入冥想状态。具体方法如下:

第一,取舒适的坐姿,放松全身,保持脊柱挺直。调整好呼吸,深吸气。

第二,呼气,以"O"开口,可促使手、上半身放松,再以"M"闭口音,腹部会自然充满力量。

第三,持续、连贯地大声诵唱"O—M—"使声音的共鸣传遍全身。唱诵时,仔细聆听全身心的感觉。可以唱诵3次后闭上嘴,不发出声音,在心里大声默诵,这一训练,对心灵的震动非常大,并能够使声音更加有力。

第四,训练熟练后,心中会自然而然充满"OM"的声音,不用刻意地默唱或想。

(2)语音冥想的注意事项。在刚开始训练时,要实实在在地把声音发出来,这样能集中注意力。几分钟后,睁开眼,两腿伸直,休息一会儿再继续训练。

(3)语音冥想的作用。使大脑更加镇静,心情更加平和。有助于缓解压力,宣泄愤怒的情绪,消除紧张和焦虑,能提高身体的意识,对提高专注力非常有效。

3. 注目凝视冥想法

注目凝视冥想法是观察某一物体后,把印象刻在眉心的一种冥想法。训练时,可以盯住一支蜡烛的火苗,也可使用任何一个物体,如一块石头等。总之,物体越简单越好,这样思维比较容易集中,注意力不容易分散。

(1)注目凝视冥想的训练方法。第一,把一根点燃的蜡烛放在距眼睛90厘米的前方,放松,脊柱挺直,眼睛稍微向下注视,注视的位置离身体不能太近也不能太远。第二,训练前先调整呼吸,直至感觉呼吸和心跳变得更慢、更连续时,睁开眼睛,持续地、专注地盯着火苗,心神要集中,让火苗的印象完全吸引住训练者。想眨眼就眨眼,有眼泪就闭上眼睛。第三,2分钟后闭上眼睛,尽可能具体地在心里重现火苗的形象,想象那簇火苗就在眉心。在脑海里一直保留这幅画面,努力不让思想游移。第四,如果火苗形象开始淡化,就睁开眼睛,短暂地再盯一会儿,加深它的印象,然后再次训练。

(2)注目凝视冥想的作用。注目凝视法能清洁思想和身体,能提高视力和专注力。

四、瑜伽休息训练

瑜伽休息术是古老瑜伽中的一种颇具效果的放松艺术，在整个训练过程中，需要完全集中意识且放松身体而让其休息，令身体获得能量恢复活力。

瑜伽中常以休息来放松身心。瑜伽休息术常用在训练体位法时最后的放松姿势上，或作为体位法与体位法之间的放松姿势。在体位法与体位法之间的放松姿势，可以让身体的能量得以保存，透过放松，肌肉和内在神经系统得到充分休息；而在训练体位法时最后的放松姿势则是透过身体返回精神的层面，它的精髓是让身心恢复平静、放松的状态，同时它也是心灵的"清洁剂"，通过这些休息术，让人抛开眼前的烦扰，转而专注当下身体的感受，因此情绪紧张、容易焦虑、专注力较差的人更能领略放松带来的益处。训练完瑜伽体位法后，可做10分钟的放松训练，通过放松来消除运动产生的紧张感。放松的关键先是心，然后是身，身、心都放松才是真正的放松。

瑜伽中的放松姿势有很多种，每一个瑜伽体位中都有相应的放松方法。只是以下列出的几种，最常运用在训练体位法时最后的放松姿势上，或者作为体位法与体位法之间的放松姿势。

训练瑜伽休息术必须避免直接吹风，光线不要太强。周围环境要比较安静，一般应避免练功时有剧烈声响发生。

（一）卧姿休息训练

1. 仰卧

仰卧是进行瑜伽放松术的最好体位。这是能使精神和身体完全放松的最有效姿势。在此姿势上进行的瑜伽休息术可以很快地缓解失眠、心脏疾病、高血压和呼吸系统疾病。放松肌肉、神经、骨骼以及身体的每一个细胞，舒缓紧张情绪和压力，将积极的精神与意识辐射全身。

（1）平躺式。

第一，平躺式的动作方法。轻柔地平躺地上，双脚张开至与肩同宽，脚尖朝外，双臂与身体成45°，掌心朝上。身体左右两侧均衡放松，伸展脖子，下颌向胸部微收。双肩向外展，尾骨上翘，使腰部贴到地板上，将臀部推离尾椎骨。闭眼，放松两臂、双手、肩膀、颈部、大腿、小腿、臀部、背部、腹部及头部；放松脸部所有肌肉和上下颚；放松牙关与眼皮。自然，平稳，柔和地呼吸，尽可能保持静止不动，会感到全身松弛。保持该姿势5～10分钟。完成后，深呼吸一次，慢慢张开眼睛。屈膝，将身体转向一方，停留一会，然后用手撑着地慢慢坐起来。

第二，平躺式的注意事项。在训练完所有姿势后做平躺式。感觉身体上的全部重量都移到了地板上。闭上眼睛，全身放松，将注意力集中在呼吸或两眉中间的位置，以提升专注力，静静地、自如地呼吸。训练平躺式时，可能会觉得昏昏欲睡，但要尽量保持清醒，意识到它给身体和精神带来的有益感觉。如果背痛，可以把腿抬起来放到一把椅子上，以半仰卧的姿势躺卧。要极其缓慢轻柔地从平躺式中恢复过来。先翻身侧卧，休息一会，然后再起来。初学者头部可以加垫厚毛巾。如果患有感冒或其他呼吸疾病，可以多加几块毛巾来抬高头部和胸部，使呼吸更顺畅。

第三，平躺式的健身作用。经典的放松姿势，几乎是完全静止不动。可使整个身体变得放松，呼吸变得深沉，心率减慢，输送到身体各个部位的氧气增加，在关节和肌肉中累积的紧张感释放，舒缓因精神紧张而引起的头痛症状，有效治疗因精神压力引起的消化不良；调节高血压，改善呼吸系统的毛病，令呼吸更顺畅；改善睡眠质量问题，使人感到清爽自信。

（2）排气式。

第一，排气式的动作方法。仰卧，吸气，双腿伸直，脚背紧绷，双臂放在身体两侧，呼气，屈膝，双手抱住两腿外胫骨；吸气，让膝盖离身体越远越好，手臂也跟着移动。呼气，让膝盖移回腹部上方，轻柔地向腹部挤压，保持该姿势呼吸10次，重复3～8次。

第二，排气式的注意事项。手抱双膝，尽量呼气并收缩腹部，把肚子里的空气吐尽，闭上眼睛，把注意力集中在腹部，尽量放松全身，自然呼吸。

第三，排气式的健身作用。这个动作可锻炼髋关节和尾椎骨，放松脊柱和大腿肌肉，消除下背部压力，也运动大腿的肌肉，促进大肠与直肠蠕动，有助于消除消化系统中的废气和废物，改善便秘。

2. 俯卧

（1）俯卧式一。

第一，俯卧式一的动作方法。俯卧，两臂前伸到头顶上方，前额贴地；双腿分开与肩同宽，脚背贴地，轻微伸展背部、双肩和双臂。闭上双眼，用与仰卧完全放松式相同的方法放松全身。

第二，俯卧式一的注意事项。将注意力集中在呼吸上，要自然而有节律，舒缓均匀。如果是为了治疗某些不适或疾病，可以保持这个姿势10分钟或更长时间，而在体位训练前和训练中，则只需要几分钟甚至几十秒就够了。

第三，俯卧式一的健身作用。有助于消除颈项僵硬强直或落枕，改善椎间盘突出、佝偻、弯腰驼背和圆肩，对脊椎非常有益。

（2）俯卧式二。

第一，俯卧式二的动作方法。俯卧，双手十指交叉，放在头后；脚背贴地，放松肩膀，伸展腰背，放松双腿。用与仰卧完全放松式相同的方法慢慢放松全身。

第二，俯卧式二的注意事项。保持自然的有节律的呼吸。建议该式训练时间越长越好，在体位训练前和训练中，几分钟甚至几十秒就足够。

第三，俯卧式二的健身作用。有助于消除疲劳，对患哮喘病和其他肺部疾病者非常有益；对椎间盘突出或其他脊椎疾病治疗效果明显。

（3）鳄鱼式。

第一，鳄鱼式的动作方法。俯卧，抬起两肩和头，用两个手掌托着头部，双肘着地。

第二，鳄鱼式的注意事项。尽量长时间保持，以感到舒适为宜，自然呼吸。有脊椎病的人不宜采用此姿势，手臂有骨折的人也不适宜。想要长久保持这个姿势而又不感到厌倦，最好的方法是一边做一边阅读、写作或下棋等，这种情况下前臂要平放在地面上。

第三，鳄鱼式的健身作用。这是个简易的姿势，但极为有益，有助于消除疲劳，对患有哮喘和其他肺部疾病的人非常有益，对椎间盘突出或其他脊椎病治疗效果明显。

3. 侧卧

侧卧放松的姿势有左侧卧和右侧卧两种，提倡右侧卧的人士认为这样可以缓解对心脏的压力。而坚持左侧卧的人认为，这样血液向心脏回流。通常如果感觉左侧卧不舒服就可以采用右侧卧。侧卧式要尽量放松身体，同侧的手臂可以置于头上也可放于体侧，对侧手臂自然下垂放于体前即可。下肢姿势要求在下面的腿微屈，上面的腿屈膝，膝盖触地，脚放在另一膝盖的内侧，保持均匀的呼吸。下面以鱼戏式为例详细探讨：

第一，鱼戏式的动作方法。取侧卧位，右肘弯曲，头躺在右小臂上。侧向屈叠左腿，右腿伸直，着地的左膝尽量靠近胸部。弯曲左臂，左肘靠近左膝，左右十指交叉，头转向右侧，闭上眼睛，放松全身，可以交换左右位置做，动作过程中保持正常呼吸。

第二，鱼戏式的注意事项。在放松过程中，如有不适，可换另一侧身体进行。

第三，鱼戏式的健身作用。这个姿势是非常好的放松姿势，有利于重新分配腰身的脂肪沉积，使肠脏获得伸展，刺激消化道蠕动，有助于缓解便秘。通过放松两腿神经，缓解坐骨神经痛。

（二）坐姿休息训练

1. 动物放松式

（1）动物放松式的动作方法。①双腿并拢，跪坐，左腿向后方伸展，以右脚抵住大腿内侧。吸气，慢慢把两手伸到头的上方。呼气，上身前屈，使胸部贴近大腿前侧；②额头触地，在缓慢而平稳呼吸的同时，保持这个姿势1～2分钟。放松，吸气，慢慢抬起上身，恢复到两臂高举过头的姿势。交换两腿位置重复训练。

（2）动物放松式的注意事项。有高血压、头部眩晕的人，可将双手轻轻握拳相叠，前额或下巴放在大拇指和食指圈上，抬高头位。

（3）动物放松式的健身作用。滋养脊柱内神经系统，放松腹背部肌肉群、肩、髋部等，有助于血液向脑部回流，缓解脑部疲劳。

2. 月亮式

（1）月亮式的动作方法。跪坐，双手放在双膝上，脚尖并拢。将双膝分开略宽于肩。呼气，上身向前弯曲，胸、腹部贴在大腿前侧，双臂自然地伸向头顶前，前额或下巴着地。放松，吸气起身，手臂上抬，呼气手臂放下来，重复5～10次。

（2）月亮式的注意事项。闭上眼睛，放松脊椎，意识放在呼吸上，均匀呼吸。还可以将双膝分开宽于肩，双臂伸直，肌向垫子，前额或下巴着地。

（3）月亮式的健身作用。放松、滋养、强健神经系统；放松和舒展腰背部肌肉群以及肩、髋和膝等关节。

3. 婴儿式

（1）婴儿式的动作方法。跪坐，臀部坐在脚跟上，双脚合拢，脚心向上。头、颈、身成一直线。臀部放松，调匀呼吸。呼气，收缩腹部，将上身慢慢向前弯曲，胸腹部贴在大腿前侧，最后头部也缓缓垂下，头部朝左或右，双臂放在身体两侧，手心向上，手指向后，手肘和手背平放地上。闭上双眼，脊柱完全放松。保持这个姿势不超过2分钟。

（2）婴儿式的注意事项。双臂贴地，臀部尽量不要离开脚跟，放松背部，训练此姿势的时间不宜超过 5 分钟，否则会妨碍腿部血液循环。腹泻、膝痛、静脉曲张的人不要训练。如果坐在脚跟上不舒服，可在大腿与小腿之间夹一块厚毛巾做缓冲。

（3）婴儿式的健身作用。婴儿式可以舒缓精神紧张，消除疲劳，松弛背部及消除脊椎压力，缓和背部下方的紧张不适；按摩胯部、大腿、脚踝脚跟及腹部内脏。此姿势适合于后屈体位训练，也可作为姿势与姿势之间的休息训练。

（三）坐立休息训练

第一，坐位团身放松式。坐位团身放松式的动作方法为：长坐，屈膝。胸、腹贴在大腿前侧，双手手腕在脚踝处交叉，头部放在膝盖上，闭眼，调息。

第二，跪坐放松式。跪坐放松式的动作方法为跪坐：双手交叉放在双膝上，闭眼，调息，放松全身。

第三，长坐放松式。长坐放松式的动作方法为长坐，双腿并拢，两手撑在身后，上身后仰，闭眼，调息。

五、瑜伽训练方法在健美操教学中的运用

瑜伽训练法在高校健美操教学中，已经有着多年的理论与实践研讨。一些积极实践的高校，在这方面也取得了较为理想的效果。但是，这种方法并没有在更多的高校或者社会上广泛地实施，可见，无论是实践中还是在理论上都是很不成熟的。因而，需要从多方面展开研究，尤其是从瑜伽训练方法在健美操教学中的运用方法加强研究，尽快地总结以往经验与吸取以往教学中运用不足的教训，找出其中的相关之处，进而研究其最佳的结合点，把瑜伽训练法开发与提升为健美操的最佳训练方式，为广大大学生开发一种激活内心爱好的健美操训练方法。

（一）瑜伽训练方法与健美操共性

之所以很多的专家、学者以及教练，都在积极地研究瑜伽训练方法在健美操教学中的运用，就是因为其两者之间有着很多的共性。只有立足其共性的基础上，科学地取长避短，才能把两者之间的长处结合，开发出新的方式，既满足大学生的兴趣爱好，也能继续保持其在健美健康追求的内驱性。其中，最典型的共性表现为：①音乐的运用，两者都有着恰当的音乐选择，音乐在

其正常的练习中,都起着情绪的稳定与控制作用,引导着他们按照适当的节奏去练习;②场地的严格要求,虽然健美操没有瑜伽对于场地要求那么严格,但是对于场地还是很挑剔的,其中一些健美操的专门学校或场馆,也和瑜伽场馆一样,都要有干净的场地,且要求学员都光着脚开展练习;③对于练习者健美形体保持与提升内在修养的功效等,这也是能驱动或吸引广大练习者的主要原因之一。

(二)高校健美操教学借用瑜伽训练方法的可能性

在音乐的选择上,健美操与瑜伽虽然都是在选择适合练习节奏的音乐,然而在现实中,瑜伽的音乐较为舒缓、空灵,健美操则相对欢快热烈一些。作为一种体育锻炼方式,健美操在练习前热身运动,练习后的放松运动,都可以科学地引用瑜伽的音乐,让大学生们在从轻松开始,在轻松中结束。在基本功的练习上,都需要身体的敏捷性、柔韧性,因而在基础的练习上,可以相互地通用其练习方法。在相关的动作上,健美操可以借鉴瑜伽的一些动作,增加健美操的美感与难度,使得其更能激发练习者的潜力。在身心的追求上,两者都不仅仅是对于健康的追求,也有对于内在修养的提升理想,是一种内外兼修的练习,让广大的练习者发自内心地热衷与喜爱。另外,两者都有专门的场地、专职的设施、专业的教师队伍等,都为了他们之间的相互借鉴,提供了多种可能性。

(三)瑜伽训练方法在健美操教学中的运用方法

1. 热身动作共享

无论是瑜伽还是健美操,都对心情、呼吸、四肢等有着严格的要求,尽可能地在相对专业的环境下,去获得身心的放松。尤其是健美操的学习或练习,都是有着一定动作强度、时间长度的。对于大学生而言,都必须立足在体力、精力与毅力付出的基础上,才可以达到标准的要求。热身动作或准备动作的练习,能让其真正地用充分适应的身体力量与素质来应对后来的练习或学习。

瑜伽的热身动作是在舒缓无虑的音乐伴奏下开始的,相关呼吸、颈部、肩关节与手指、胸部、臀部与髋部、踝关节与下肢等,都在呼吸的调节下,舒缓地放松,并渐进地达到自己感觉舒适范围内的极限,让大学生们可以在心理上进入一种享受的状态,进而去接受后来的渐渐快节奏的健美操的练习。但是,需要注意的是,这种瑜伽方法的借鉴,作为教练或者教师,不能对这些动作生搬硬套，应在充分柔和与创新的基础上，对这些动作加以编排。应该把健美操与瑜伽的动作做出科学地剪裁与编辑，并坚持一个原则，就是动作的节奏性，确保动作的过程是"舒缓—轻快—舒缓"的。开始与热身结束的舒缓，就是为了调动与保持学生对于未来练习或训练的美好；中间节奏稍快，就为后来的健美操稍快节奏的练习打下身体与心率基础。

如此，则可以放心地开展健美操的练习，让大学生们在美好的潜意识中尽情地享受健美操运动。

2. 音乐共享

健美操与瑜伽都需要恰当的音乐，这是其最大的共性之一。但是，两者有着截然的区别，因而不能硬性地相互套用。例如，相对于较为热烈的健美操练习，就不能较多地选用瑜伽音乐。对于瑜伽练习方法的借用，就要配以相应的音乐，因而音乐的取舍相对于动作的取舍要难些。

如果是作为单纯的健美操练习，教师或教练可以在一节课或者一节课的中间专门开辟几分钟的时间，让稍感累的学生们随着音乐慢慢地舒缓，放松身心，如每隔 10 分钟的时间为学生播放 3 分钟左右的瑜伽音乐，让学生们随着相关的音乐去慢慢地完成相关的动作，这样可以缓解紧张的节奏带来的情绪紧张。

再如，在健美操热身时与结束时，可以全部地运用瑜伽音乐，让学生在相应节奏的动作下，彻底地放松与享受自己。这种情况，不是教师简单地换音乐这么简单，教师要立足本节课授课内容，课前做出研究，什么样的学习内容契合什么样的音乐，如此才能保正健美操教学的专业性。因而，需要教师下工夫对相关的音乐做出剪辑，让学生在无缝对接的音乐中，自然地去变换与享受健美操带来的别样身心感受。

3. 呼吸方法共享

气息在舞蹈中被广泛地运用，且越来越受到重视，其对于舞蹈动作、舞者的精神等起着引导的作用。健美操作为一种新兴的舞蹈，也非常注重气息的运用。虽然，当前对于舞蹈气息的研究很多，但针对健美操呼吸的研究很少。

瑜伽的呼吸研究又是非常专业，且在练习中起到了灵魂的支撑作用，每一个练习者都是从呼吸开始，再在呼吸的控制中结束。这种用呼吸导引意念进而带动动作练习的方法，值得在健美操中推广。

瑜伽的呼吸法有两种，胸式呼吸与腹式呼吸。对于为了保持健美身材的练习者来说，呼吸健美操成为了他们青睐。然而，如何才能更加科学地呼吸，是应该严格探讨的课题。由于瑜伽呼吸法，已经得到当前科学研究的认可，并通过广泛的实践，得到了验证，应该可以推广到健美操中去。特别是对想利用健美操减肥或保持形体的大学生而言，可以借鉴瑜伽里的腹式呼吸，在结合健美操里的呼吸健美操动作，深化结合。

由于健美操都是在运动中展开，因而，适合把瑜伽里的站式瑜伽呼吸法借鉴过来，把这种呼吸的节奏稍微调整加快在能控制的能力范围内去引导动作的舞蹈。当然，在实际的呼吸法结合中，首先需要根据健美操的基本动作来选择瑜伽的呼吸法，不能把所有的瑜伽呼吸法滥用，这也需要加强各种呼吸法与健美操动作的磨合研究，在各种尝试与科学结合的基础上，才能广泛推广。不过，教师要调动大学生积极参与，立足自身的基础开展研究，不管什么样的呼吸法，适合的才是最好的。

4. 身体动作共享

健美操作为一种观赏性很强的舞蹈，其除了舞者自身形体的美感外，还要有动作的美。因为舞者或者编导需要开发出具有美感的动作来，才能把舞者身体的美与音乐的美发挥到极致，把各种美都有机地结合起来，展现出多种美的结晶美来。瑜伽的动作，强调对于人体极限的有限突破，就是在练习者能够承受的限度内，去不断地克服与超越自己。对于健美操而言，一些具有较高难度的动作，就是对于人体柔韧度的突破。这些正是瑜伽的基本内容之一，如站立直角式、眼镜蛇式、扭转式等，健美操的练习都可以有机借用。这些在瑜伽中高难度的动作，一旦通过节奏明快的健美操表演出来，则会收到更为爆发的美感效果来，让练习者的毅力、精神、身体等各种阳光美，都在舞者的力量、形体、姿态与神采中散发出来。当然，如前述在热身或者练习结束做放松运动时，可以完全借用瑜伽动作。

在练习结束时，瑜伽动作的借用需要选择从快到慢的循序渐进。在其他基本动作中就要采取个别借用或糅合办法，把相关的动作结合，去创造更美的动作来。

瑜伽训练方法在健美操教学中的运用，虽然取得了一定的成果，但还是需要立足实践、立足大学生的身体条件实际、学校科研水平的实际、学校场地的实际以及教师教学的实际，去探索更多的结合点，把两者练习方法的优势结合起来，把瑜伽音乐的稳定心绪作用、身体柔韧极限突破作用、高难度动作的美感追求引导作用、瑜伽专业呼吸法对于练习者的减肥与美好身材的保持作用等，都转化为健美操的内在元素，通过其音乐、舞蹈与舞者健康健美的动作，尽情地展现出来。在实践中，还要加强对音乐的剪辑处理、新动作的创新研发等，这是当前健美操借鉴瑜伽训练法的最为薄弱的环节，也是当前瑜伽训练法不宜在健美操练习中推广的原因。

参考文献

[1] 曾健．体育教学形成性评价实施方法研究［J］．中国教育学刊，2015（1）：84-87．

[2] 陈恒兴，周楚竣，刘春．对我国高校足球运动推广的反思［J］．体育科技文献通报，2021，29（8）：59，95．

[3] 房辉．刍议体育微课在高校体育教学中的运用［J］．当代体育科技，2022，12（1）：61-63．

[4] 冯官秀，王增海，李秀梅．现代田径教学与训练［M］．北京：中国人民公安大学出版社，2001．

[5] 符强．足球训练方法的科学性研究［J］．运动，2012（16）：25．

[6] 高嵩，黎力榕．智慧体育教学环境建设发展趋势研究［J］．广州体育学院学报，2019，39（4）：121-124．

[7] 郭卉娟．田径运动耐力的训练方法研究［J］．黑龙江科学，2013（10）：61．

[8] 韩永鹏．对"群体训练原则"在田径科学化训练中的重要作用研究［D］．济南：山东师范大学，2011：6．

[9] 郝媛媛，李真真，张鑫淼．高校瑜伽课程思政建设的本然优势、实际困境与应然举措［J］．兰州文理学院学报（自然科学版），2022，36（1）：125-128．

[10] 何茂贵，罗立杰．体育微课的新思考［J］．运动精品，2021，40（11）：19-21．

[11] 贺慨．高校田径教学创新与课程改革研究［M］．青岛：中国海洋大学出版社，2019．

[12] 蒋米雪．基于创新教育理念下体育教学方法的实施［J］．冰雪体育创新研究，2022（8）：134-136．

[13] 金成平. 体育慕课现象的现实反思与未来展望 [J]. 成都体育学院学报, 2016, 42 (4): 122-126.

[14] 李爱国. 田径运动教学研究 [M]. 武汉: 武汉大学出版社, 2017.

[15] 李晓峰, 吴坚, 祝彬彬. 校园足球 [M]. 合肥: 合肥工业大学出版社, 2015.

[16] 李欣原. 互联网时代高校健美操教学的方法研究 [J]. 当代体育科技, 2022, 12 (7): 81-85.

[17] 李新威, 杨洁, 唐炼. 新周期我国校园足球活动的角色定位研究 [J]. 湖南工程学院学报 (社会科学版), 2021, 31 (2): 111-115.

[18] 刘佳. 高校足球训练教学的创新思路及现实意义探寻 [J]. 现代交际, 2015 (12): 241.

[19] 刘莉, 史健. 高校健美操训练中的难度动作训练研究 [J]. 当代体育科技, 2022, 12 (28): 52-55.

[20] 朴大源. 高校足球运动中体能训练的发展与实践分析 [J]. 中外企业家, 2019 (30): 138.

[21] 邱伯聪. 体育微课的质性、制作与建议 [J]. 教学与管理, 2015 (34): 57-59.

[22] 邱妍妍, 南萍. 高校健美操课堂内外一体化教学模式创新研究 [J]. 黑龙江工业学院学报 (综合版), 2022, 22 (9): 153-156.

[23] 田金生. 跳跃类项目体能特征分析与训练 [J]. 体育科技, 2009, 30 (2): 38-40.

[24] 王道君, 邢新丽, 李瑞超, 等. 高校健美操微课资源库的建设与应用 [J]. 高教学刊, 2022, 8 (23): 62-65.

[25] 王帝. 简析高校足球训练教学的创新思路 [J]. 体育世界 (学术版), 2019 (7): 136-137.

[26] 王欣. 高校足球运动员的体能训练探析 [J]. 齐鲁师范学院学报, 2018, 33 (3): 55-59.

[27] 王宇航. 体育教学对学生人格发展的影响 [J]. 运动, 2015 (23): 87-88.

[28] 吴斌. 高校田径运动课程建设研究与教学指导 [M]. 北京: 中国商业出版社, 2014.

[29] 武斌. 关于高校足球运动项目开展的现状与分析 [J]. 当代体育科技,

2018，8（11）：136+138.

[30] 武丽媛．高校健美操运动对大学生心理健康的影响［J］．当代体育科技，2022，12（5）：76-78.

[31] 徐娜娜．国内高校瑜伽课程现存问题及改进研究［J］．甘肃科技，2022，38（6）：74-76.

[32] 尹淑桂．高校瑜伽课程教学改革研究［J］．牡丹江大学学报，2020，29（11）：106-109.

[33] 于海．互联网背景下智慧体育教学环境设计策略［J］．武汉冶金管理干部学院学报，2021，31（2）：81-83.

[34] 张强．论核心力量训练在投掷项目中的重要作用［J］．产业与科技论坛，2019，18（5）：194-195.

[35] 张晓亮．当代体育教学思想引导体育教学模式的转变［J］．晋城职业技术学院学报，2018，11（2）：37-39.

[36] 张雪．高校瑜伽课程教学方法探析［J］．电大理工，2021（4）：75-78.

[37] 张振．田径运动教学与训练发展趋势［M］．北京：中国科学技术出版社，2009.

[38] 章育新．试析高校田径运动训练中激励理论的运用［J］．当代体育科技，2018，8（29）：47-48.

[39] 赵敬宇．高校田径运动体能训练创新性发展路径研究［J］．青少年体育，2020（9）：78-79.